HAUTE RACLETTE

L'ART DU FROMAGE À RACLETTE EN 52 RECETTES FONDANTES

JENNIFER & ARNAUD FAVRE
PIERRE CREPAUD | DORIAN ROLLIN

HAUTE RACLETTE

L'ART DU FROMAGE À RACLETTE EN 52 RECETTES FONDANTES

HELVETIQ

SOMMAIRE

LES RECETTES

De gauche à droite :
Pierre Crepaud, Jennifer Favre, Arnaud Favre.

NOTE AUX LECTEURS

LA RACLETTE AU GOÛT DU JOUR, ENTRE TRADITION ET INNOVATION

Après le succès de notre premier livre, *Haute Fondue – L'art de la fondue en 52 recettes délicieuses*, paru en 2018 aux Éditions Helvetiq, nous voici de retour avec un ouvrage entièrement consacré à… la raclette ! Avis aux amateurs de fromage : vous trouverez dans ces pages une multitude d'astuces et d'idées créatives pour redécouvrir ce plat national suisse grâce à des accords de goûts inédits. Savoureuse et ludique, la raclette offre un terrain de jeu culinaire exceptionnel et saura réjouir vos papilles lors de chaque occasion festive. Notre objectif ? Célébrer le fromage fondu en lui apportant une petite touche d'originalité et de modernité, sans dénaturer ce plat tant aimé des petits et des grands.

La raclette se déguste tout au long de l'année : elle s'invite dans les chalets en hiver, lorsqu'au dehors il neige à gros flocons, réapparaît à la table des balcons dès le premier soleil de printemps, accompagne les longues soirées d'été dans la tiédeur des jardins, et vous réchauffe quand vient l'automne, après une randonnée en forêt dans le bruissement et le parfum des feuilles mortes. Chaque saison est un appel à faire crépiter le fromage sous le réchaud, à se réunir autour de ce repas aussi réconfortant que convivial. Préparée au four électrique à la maison, en plein air avec un petit appareil à bougie ou à gaz, ou mieux encore sans matériel, directement au feu de bois : où que vous soyez, la raclette vous fera fondre de bonheur…

Bien décidés à mettre la raclette à l'honneur et au centre de nos assiettes, nous accueillons pour ce second volume un invité de marque : Pierre Crepaud, auréolé de dix-sept points au Gault & Millau et d'une étoile au Guide Michelin. Français d'origine, mais ayant vécu la moitié de sa vie à Crans-Montana en Valais, il relève actuellement avec sa compagne Delphine Gillioz le défi d'ouvrir La Guérite 1814, table gastronomique éphémère au cœur du vignoble Corbassière, sur les hauts de Saillon. Les deux tourtereaux proposent aussi une large gamme d'épicerie fine faite maison et à quatre mains, The Alpinist Collection. Nos chemins se sont croisés par hasard, et de caquelons en fourneaux, une réelle amitié est née autour des nombreux plats inventés et partagés ensemble.

À vous de jouer, maintenant : à travers les cinquante-deux nouvelles variantes que nous avons concoctées pour vous, laissez-vous surprendre par ce plat à la fois simple, authentique et délicieux qu'est la raclette. Cinquante-deux recettes, autrement dit une par semaine, de quoi vous régaler toute l'année sans jamais vous ennuyer. Bon appétit !

Jennifer et Arnaud Favre

P.-S. : Toutes les recettes sont conçues pour 2 personnes. Mais n'hésitez pas à inviter du monde — plus la religieuse croustille, plus la fête est réussie !

UN PLAT SUISSE EMBLÉMATIQUE

Le Valais et le fromage, c'est une longue histoire d'amour : élément incontournable de la tradition et du terroir valaisans, la fabrication du fromage dans la région remonte aussi loin que le IVe siècle avant notre ère. Denrée appréciée et réputée déjà sous l'Empire romain, le fromage se transforme dès le XIVe siècle en moyen de paiement courant et fait partie intégrante de l'alimentation de base dans les vallées alpines. La spécialité consistant à faire fondre le fromage est quant à elle mentionnée pour la première fois dans des sources écrites en 1574 (bien qu'elle soit sans doute plus ancienne).

Mais depuis quand parle-t-on de « raclette » ? Dans les premiers temps, ce mode de préparation du fromage ne porte en réalité pas encore de nom attitré. Au Moyen Âge, il s'agit d'un repas exclusivement paysan, préparé par les bergers passant l'été à l'alpage. Revigorant et réconfortant après les longues journées de travail harassant, ce mets rustique fait également office de véritable menu de fête, que l'on sert les jours de désalpe ou lors des grandes occasions. L'histoire raconte que c'est un berger qui, le premier, aurait fait cette savoureuse découverte : ayant laissé par inadvertance une demi-meule trop proche du feu, il décida de « racler » le fromage fondu en surface, qu'il goûta et trouva délicieux. Une autre légende explique que c'est un viticulteur valaisan, travaillant dans les vignes un jour de grand brouillard, qui aurait allumé un feu pour se réchauffer et fait fondre son fromage au-dessus des flammes. D'aucuns prétendent même que Guillaume Tell en aurait dégusté juste avant son célèbre tir à l'arbalète… Un plat résolument suisse, voilà qui ne fait aucun doute !

Il faut toutefois attendre le début du XXe siècle pour que cette pratique, connue aujourd'hui bien au-delà des frontières helvétiques, cesse d'être l'apanage des montagnards et se répande également en plaine. Le nom de « raclette », dérivé du patois valaisan « raclà » (qui signifie « racler »), finit par s'imposer en 1909, lors de

l'Exposition cantonale valaisanne. Quelles que soient ses origines, cette date marque indéniablement le baptême officiel de la raclette. Une chanson, intitulée *La Râclette*, est d'ailleurs composée pour l'occasion par Marguerite et Oscar Perrollaz, faisant l'éloge de cette tradition culinaire ancestrale : « Blon-de râ-clette, En gout-te-let-tes, Sous l'é-tin-celle Quand la den-tel-le, On l'ass-aisonne, On la dit bon-ne, Sur nos assiettes, En gout-te-let-tes. » Quelques années plus tard, Joseph Bovet rendra hommage à son tour à ce « plat merveilleux d'un goût céleste », mis en musique sous le titre *La raclette valaisanne*.

En 1978, ce mets d'exception se popularise grâce à l'invention par une célèbre marque d'électroménager française d'un appareil à raclette muni de six poêlons individuels. La « raclonette » est née et s'installe dans tous les foyers.

Enregistrée dans la « Liste des traditions vivantes en Suisse » élaborée par l'Office fédéral de la culture, la raclette est aujourd'hui considérée comme une pratique sociale à haute valeur symbolique. Synonyme de fête, le rituel qui accompagne la raclette – qui veut que les convives mangent l'un après l'autre, à mesure que le fromage fond – favorise en effet les échanges et la convivialité à table.

Eh oui, la raclette, c'est aussi et avant tout cela : bien-vivre et authenticité !

CE QU'IL FAUT SAVOIR SUR LE FROMAGE

Le « Raclette du Valais » est inscrit au registre fédéral des Appellations d'origine protégée (AOP) depuis 2007. Depuis 2011, il bénéficie en outre d'une protection au sein de l'Union européenne. Ce label aux critères très stricts garantit l'origine, les procédés de fabrication et la qualité de ce pur produit valaisan. À noter que la Suisse compte plusieurs produits labélisés AOP ou IGP (Indication géographique protégée), parmi lesquels on trouve notamment des spiritueux, du pain, de la viande ou encore des fruits et légumes - de quoi ouvrir davantage encore le champ des possibles, à table comme en cuisine!

Fromage gras à pâte mi-dure, le Raclette du Valais est fabriqué avec du lait cru de vache dans des fromageries artisanales, selon des méthodes ancestrales perpétuées jusqu'à nos jours. Transformé dans des cuves en cuivre comme le veut la tradition, le fromage repose ensuite sur une planchette en bois brut d'épicéa pendant au moins trois mois : c'est ce qu'on appelle la période d'affinage. Particulièrement riche en protéines, magnésium et calcium ainsi qu'en vitamines A, B et K2, le Raclette du Valais AOP contient également beaucoup d'acides gras oméga-3. À maturité, il est naturellement exempt de lactose. Que demander de plus, pour une soirée raclette entre amis ?

Grâce aux nombreux alpages et pâturages, les « épicurieux » auront le plaisir de déguster une multitude de saveurs différentes. La flore alpine dont se nourrissent les vaches offrira en effet des parfums aux notes végétales et fruitées bien distinctes d'une vallée à l'autre. Comme pour un bon mélange à fondue, nous vous conseillons vivement d'aller à la rencontre du fromager le plus proche : grâce à ses connaissances et à son savoir-faire, il pourra vous faire découvrir de nouveaux fromages locaux ou des spécialités de la région.

Quoi qu'il arrive, laissez libre cours à votre imagination et n'hésitez pas à tester des fromages moins conventionnels – plus onctueux, plus doux, plus forts ou plus savoureux – ou laissez-vous tenter par des fromages de chèvre, de brebis… ou même des bleus ! Vous n'arrivez pas à faire votre choix ? Optez pour un assortiment de différents fromages : vous pourrez ainsi varier les plaisirs tout en épatant vos convives !

Pour ce qui est des quantités, nous vous conseillons 200 à 250 grammes de fromage par personne. Garnitures et accompagnements de votre choix complèteront le repas. C'est certain, vous ne risquez pas de mourir de faim ! Surtout, n'oubliez pas que la raclette se mange chaude : n'attendez pas que les autres convives soient servis pour commencer à manger.

Enfin, pour ne pas vous décrédibiliser en société, pensez bien à faire la différence : « le Raclette » désigne le fromage, « la raclette », le plat que l'on mange.

CE QU'IL FAUT SAVOIR SUR LES POMMES DE TERRE ET LES PETITS À-CÔTÉS

POMMES DE TERRE

Pour une raclette « nature » (sans accompagnements), nous vous conseillons de prévoir environ 200 à 250 grammes de pommes de terre par personne. Si vous prévoyez des à-côtés (tels que vous les trouverez dans cet ouvrage), n'hésitez pas à réajuster à la baisse la quantité suggérée. Pensez à précuire vos patates en prévision du repas : vous n'aurez ensuite plus qu'à les garder au chaud dans un panier à pommes de terre ou dans un plat que vous déposerez sur l'appareil à raclette.

Pour éviter que vos pommes de terre ne se défassent au premier coup de couteau, optez pour des variétés à chair ferme, qui se découpent facilement tout en gardant une bonne tenue. Plus la peau est fine, mieux c'est : une fois cuites, vous aurez ainsi la possibilité de les déguster telles quelles, sans les peler. Riche en fibres et en fer, la peau des pommes de terre est tout à fait comestible et renferme même de précieux nutriments. Les pommes de terre Amandine, Annabelle, Bintje ou encore Charlotte conviennent parfaitement à une cuisson « en robe des champs », ce qui en fait des candidates idéales pour accompagner votre prochaine raclette.

Pierre Crepaud vous dévoile sa pomme de terre préférée : « Si vous ne la connaissez pas encore, je vous recommande de goûter la Roseval, variété fondante et légèrement sucrée. Avec sa jolie peau rosée, elle égayera votre raclette ! »

Afin de gagner une saveur légèrement grillée, il vous suffit de cuire vos pommes de terre au four à 180° C, emballées dans du papier aluminium. Comptez entre 45 minutes et 1 heure de cuisson, suivant la taille et la variété choisie. Une fois sortie du four, Pierre Crepaud suggère d'assaisonner la pomme de terre avec une goutte d'huile de truffe pour un effet gastronomique (cf. page 135), ou de l'assaisonner de sauce chimichurri (réalisée à partir de persil, d'origan, de ciboule, de piment rouge, de vinaigre et d'huile d'olive, cf. page 137) pour lui apporter du dynamisme et de la fraîcheur.

QUELQUES IDÉES D'ACCOMPAGNEMENT

Lors de la préparation des accompagnements, c'est l'imagination qui prime ! La tradition opte pour des cornichons et des petits oignons. Le moulin à poivre est aussi un invité incontesté à la table, de même que diverses épices ou herbes. Faites-vous plaisir en osant découvrir de nouvelles saveurs : explorez les recettes rassemblées dans cet ouvrage et amenez un brin de folie dans votre assiette !

Pour moderniser un peu votre raclette, accompagnez-la par exemple de quelques crudités, tels que des épis de maïs au vinaigre. Pierre Crepaud confectionne d'ailleurs des oignons au vinaigre ou des câpres, pour les plus classiques, mais aussi des mélanges de noix, de la moutarde forte gros grains, des confits d'oignons au cumin des prés ou encore des pickles de courgette à l'aigre-doux. Laissez-vous également tenter par des confitures de figue ou de coing du jardin, pour les amateurs de sucré-salé.

QUE BOIRE AVEC LA RACLETTE ?

La boisson qui se marie le mieux avec la raclette est sans conteste le vin blanc ! Nous vous conseillons le chasselas (fendant, en Valais). Ce vin typique de Suisse est sec, léger et fruité. Le cépage sylvaner (johannisberg, en Valais) conquerra les amateurs de vins fruités, veloutés et ronds. Vous pouvez aussi vous laisser tenter par certaines petites arvines, heidas ou malvoisies. À noter qu'il faut éviter les vins élevés en fûts de chêne, trop acides ou trop moelleux. Si vous en avez l'occasion, l'idéal est de les déguster avant : vous trouverez ainsi l'accord vin-raclette qui vous convient le mieux. Afin de ménager votre estomac, veillez à ne pas servir le vin blanc trop frais. Bu modérément, il favorisera la digestion grâce aux acides qu'il contient.

Et pourquoi pas du vin rouge ? Surprenez vos invités en accompagnant la raclette d'un vin rouge léger, fruité et gourmand, comme le gamay. À l'instar du pinot noir, ce cépage offre des caractéristiques idéales pour déguster des mets à base de fromage. L'important est de ne pas sélectionner un vin trop tannique, qui ne s'accordera pas à la saveur du fromage fondu.

Vous préférez la bière ? N'hésitez plus ! Bière et fromage ont bien des choses en commun : ils comptent en effet parmi les plus vieux aliments connus de l'histoire de l'humanité à être obtenus par fermentation. Douce et légèrement épicée, voire plus fruitée, une bière blonde s'associera forcément à votre raclette. Si vous optez pour une bière brune, le fromage fondu accentuera les saveurs de caramel. Notre conseil : plus le fromage choisi sera corsé, plus votre bière devra l'être également.

Les eaux-de-vie ne vont pas vous aider à la digestion, mais une eau-de-vie aux herbes bue avec parcimonie ne fera en revanche pas de mal de ce côté-là. Pour favoriser la digestion, préférez une boisson sans alcool à base d'Artichaut-Bitter, ou toute autre boisson à base d'anis, de menthe, de gentiane ou de quinquina, dont vous apprécierez les propriétés eupeptiques.

Bien entendu, les boissons sans alcool – comme un jus de fruits, un thé noir ou encore une tisane aux herbes – peuvent également accompagner la raclette.

QUELQUES ASTUCES POUR UNE RACLETTE RÉUSSIE

LE TABLIER

Afin de se protéger d'éventuels éclats huileux, un tablier en tissu robuste est vivement conseillé. Ce dernier servira aussi à accrocher un linge de cuisine pour s'essuyer les mains après chaque raclette.

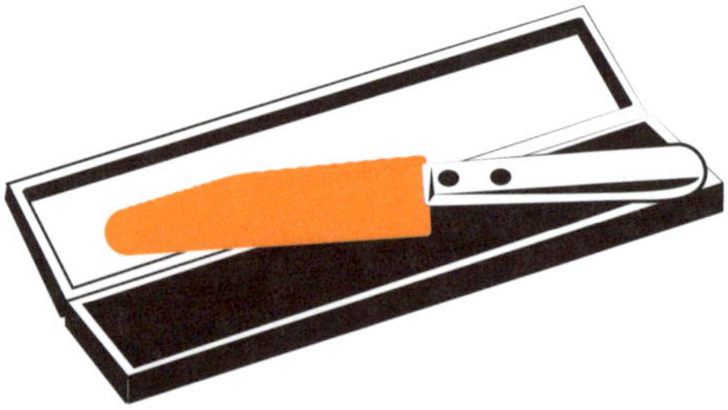

LE COUTEAU

C'est l'accessoire indispensable pour la raclette traditionnelle. Sa lame a deux fonctions : le côté lisse sert à racler, le côté denté à couper la religieuse.

RACLETTE AU FEU DE BOIS

Tout d'abord, choisissez un lieu idyllique. Préparez un feu de bois (de préférence avec du mélèze) et trouvez un support plat, comme un caillou ou une planche robuste. Posez le fromage à plat, proche des flammes, et tournez-le très régulièrement pour le faire fondre de manière homogène. La raclette traditionnelle se racle au fur et à mesure qu'elle fond, soit dans une assiette, soit directement sur du pain, comme le veut une coutume d'Évolène, dans le Val d'Hérens, qu'on appelle la « roushia ».

RACLONETTE

À la maison, la raclonette se déguste avec un appareil ménager familial disposant de poêlons individuels. Nous vous conseillons un appareil multifonction avec une plaque de gril sur le dessus, où vous pourrez faire cuire d'autres aliments. Déposez une tranche de fromage dans le poêlon, puis glissez ce dernier sous le corps de chauffe. Une fois fondu, coulez le fromage dans votre assiette à l'aide de la spatule. En vadrouille, optez pour un appareil léger avec un pare-vent et un brûleur à bougie, à pâte ou à gaz (au choix).

RACLETTE AU FOUR ÉLECTRIQUE OU À GAZ

Fixez votre demi-meule dans le porte-fromage, en veillant à ne pas la mettre trop près de la source de chaleur (comptez environ une largeur de couteau à racler, soit 3-4 centimètres). Une fois le fromage fondu, saisissez la demi-meule d'une main et penchez-la à 45% au-dessus de l'assiette. De l'autre main, prenez le couteau à raclette et remontez un peu le fromage, d'environ 10 centimètres, du bas vers le haut. Raclez ensuite la demi-meule de haut en bas, d'un seul coup, sans trop appuyer et en étant délicat avec votre fromage.

LA MORGE

Si vous achetez votre meule dans un alpage, il est possible qu'elle ne soit pas nettoyée. Prenez alors un couteau et grattez délicatement la morge, qui est cette croûte brunâtre recouvrant le fromage. Si la morge est trop dure, humidifiez légèrement au préalable à l'aide d'un chiffon mouillé.

CONSERVER AVANT LA CONSOMMATION

Si vous achetez une demi-meule à raclette mais que vous ne la consommez pas tout de suite et désirez la garder quelques jours, emballez-la dans un linge humide afin de conserver son onctuosité et mettez-la au frigo. Il est important de préserver cette humidité : sinon, lors de la cuisson, de l'huile va se former et séparer le fromage de sa croûte.

Vous pouvez également mettre votre fromage sous vide, mais avant cela, pensez à enlever la morge, cette croûte brune de surface. Ainsi, il se conservera facilement trente jours. La congélation est également possible, à condition que le fromage soit à maturité et très bien emballé, pour éviter un dessèchement.

LA RELIGIEUSE

Une fois le fromage fondu, vous verrez que la morge formera de petites croûtes sur les côtés de votre demi-meule : ce sont les religieuses. Vous aurez le loisir de les couper avec votre couteau à raclette et de les mettre dans l'assiette à côté de votre fromage fondu. Le goût de la religieuse est succulent, ne vous en privez surtout pas. Et n'oubliez pas que dans la raclette, rien ne se jette !

LE COUP DU MILIEU

Comme pour la fondue, le coup du milieu est d'une importance capitale. Il n'est d'ailleurs pas nécessaire d'attendre le milieu du repas pour savourer une délicieuse eau-de-vie de fruit locale à base de poire, d'abricotine, de pomme, de cerise ou de prune, par exemple.

GOMS

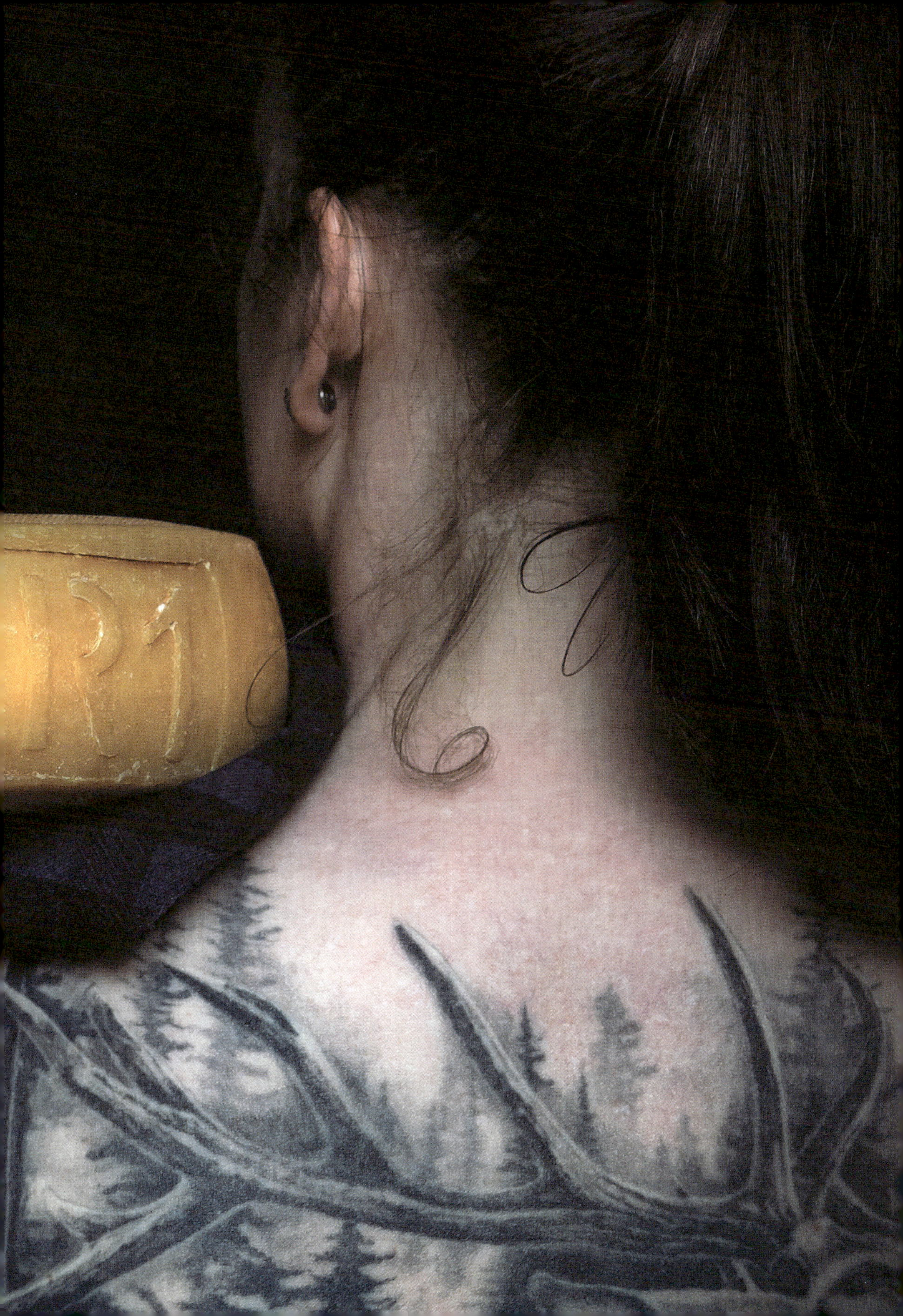

IL EN RESTE ?

Emballez bien votre fromage et mettez-le au réfrigérateur. S'il reste moins d'un kilo, il se conservera deux à trois semaines, et jusqu'à huit semaines pour les morceaux de plus d'un kilo.

Si vous ne voulez pas le conserver, vous pouvez utiliser le fromage restant pour cuisiner une quiche, une croûte au fromage, un hamburger, un cordon bleu ou encore un gratin de pâtes ou de pommes de terre. Pour éviter tout gaspillage, retrouvez 25 recettes pour transformer les restes de fromage sur *swissmilk.ch*.

LES ODEURS

Pour vous débarrasser des odeurs persistantes, il existe plusieurs astuces naturelles :

- Disposez sur une assiette des tranches de citron ou d'orange piquées de clous de girofle.
- Faites bouillir dans de l'eau chaude une à deux cuillères à soupe de bicarbonate de soude. Vous pouvez aussi essayer avec de la cannelle, du thym ou des pelures d'orange.
- Vaporisez un peu de vinaigre blanc dans votre maison.
- Les huiles essentielles, sous forme de diffuseur ou à l'aide d'un coton imbibé, à placer au milieu de la pièce.
- Versez du marc de café ou du lait dans un bol et placez-le sur la table.
- Les bougies parfumées à l'arôme de votre choix sont aussi très efficaces.
- À la manière des Amérindiens, brûlez de la sauge blanche afin de purifier l'air dans la pièce.

ALLERGIES

Le fromage à raclette est un produit laitier sans lactose et sans gluten. En effet, le mode naturel de fabrication du fromage et sa longue période de maturation dégradent entièrement le sucre du lait. Il est aussi exempt d'additifs controversés.

LA RACLETTE AUTREMENT

Si vous êtes en quête d'expériences inédites, n'hésitez pas à consulter les associations locales ou les offices du tourisme, dont certains proposent des festivals de raclettes, des télécabines-raclettes, des héli-raclettes ou encore des raclettes au mètre.

LES RECETTES

VOUS AVEZ DIT « RACLETTE PARTY » ?

À la manière d'un DJ ou d'un chef d'orchestre, amusez-vous à mixer les goûts en associant le fromage aux ingrédients déjà présents dans votre cuisine : légumes, noix, viande séchée, mais aussi gingembre, poires ou encore wasabi, tout est permis lors d'une raclette party !

Dans cette section, nous vous proposons des accords de goûts aussi variés que surprenants – de quoi réveiller vos papilles et apprécier la raclette dans toute sa diversité. L'essentiel reste, évidemment : le fromage fondu, plaisir simple et croustillant, à partager en famille ou entre amis. Garnitures et accompagnements, en revanche, se réinventent pour explorer de nouveaux horizons gustatifs. Laissez-vous inspirer par nos recettes à la fois innovantes et faciles à réaliser, et bluffez vos invités avec des petits à-côtés plein de peps et d'originalité !

Toutes les recettes sont conçues pour 2 personnes. Si vous cuisinez pour plus de convives, nous vous invitons simplement à adapter les quantités indiquées. Pour encore plus de combinaisons savoureuses, vous pouvez également choisir de préparer plusieurs de ces à-côtés : une fois à table, chacun pourra ainsi garnir son assiette et assaisonner sa raclette comme il le souhaite. Ambiance festive garantie !

Que vous optiez pour une raclette traditionnelle en demimeule ou pour une raclonette électrique, les garnitures proposées ici – servies directement dans l'assiette ou ajoutées au poêlon en cours de cuisson – accompagneront à merveille votre fromage fondu.

À vos marques, prêts, raclez !

Envie d'expérimenter et de composer votre propre recette personnalisée ? Ouvrez grand vos armoires et votre frigo, et laissez place à votre créativité...

ALLUMETTES DE COURGETTES AU PARMESAN

TEMPS DE PRÉPARATION

Env. 15 minutes - dont 6 minutes de cuisson

INGRÉDIENTS

- 2 petites courgettes (d'environ 200 g chacune)
- 2 cs d'huile d'olive
- 1 gousse d'ail
- 90 g de parmesan
- Sel, poivre

PRÉPARATION

1. Lavez les courgettes et coupez-les en allumettes d'environ 1 cm d'épaisseur. Disposez-les sur une plaque ou une assiette plate et arrosez-les d'huile d'olive en filet.

2. Émincez votre gousse d'ail, parsemez-en les allumettes. Salez et poivrez. Terminez en saupoudrant de parmesan.

3. Faites chauffer une poêle à grillade sans matière grasse, et déposez-y les allumettes que vous ferez griller 3 minutes de chaque côté, pour garder le croquant de vos courgettes.

4. Une fois prêtes, il suffit de couler votre fromage sur vos allumettes.

RACLETTE AUTOMNALE, CHÂTAIGNES ET VIANDE SÉCHÉE

TEMPS DE PRÉPARATION

45 minutes -
dont 35 minutes
de cuisson

INGRÉDIENTS

- 400 g de châtaignes
- 100 g de viande séchée
- Une poignée de raisins blancs frais

PRÉPARATION

1. Préchauffez le four à 200° C.

2. Entaillez les châtaignes sur le côté bombé, puis passez-les sous l'eau pour les mouiller.

3. Posez-les ensuite sur une plaque recouverte de papier sulfurisé et enfournez pour 35 minutes. Une fois sorties du four, laissez-les refroidir un peu avant de les éplucher.

4. Coupez votre viande séchée en petits carrés ou en lamelles. Lavez puis coupez en deux vos grains de raisin.

5. Disposez dans votre assiette quelques châtaignes, le raisin et la viande séchée, et coulez le fromage par-dessus. Si vous utilisez un appareil à raclonette, coupez vos châtaignes en morceaux et parsemez-en une tranche de fromage avant de l'enfourner, en ajoutant également un peu de viande séchée.

ASTUCE

Si ce n'est pas la saison des châtaignes, vous pouvez utiliser des châtaignes surgelées.

BOULETTES DE VIANDE AU PAPRIKA

TEMPS DE PRÉPARATION

Env. 25 minutes -
dont 6 minutes de cuisson

QUANTITÉ

Pour environ 8 boulettes

INGRÉDIENTS

- 100 g de steak haché de bœuf d'Hérens
- 1 œuf
- 1 gousse d'ail
- 1 cc de paprika en poudre
- 1 oignon
- 1 cs d'huile d'olive
- Sel, poivre

PRÉPARATION

1. Épluchez et émincez l'oignon et l'ail.

2. Dans un saladier, placez le steak haché puis ajoutez l'œuf, l'oignon, l'ail et le paprika. Mélangez le tout jusqu'à obtention d'une masse homogène. Salez et poivrez.

3. Avec le mélange obtenu, formez 8 boulettes de viande de la taille d'une grosse noix.

4. Chauffez un peu d'huile dans une poêle et faites-y cuire les boulettes pendant 6 minutes environ, jusqu'à ce qu'elles soient bien dorées.

5. Retirez-les du feu et laissez-les égoutter sur du papier absorbant.

6. C'est prêt ! Disposez quelques boulettes sur votre assiette et raclez le fromage par-dessus. Si vous utilisez un appareil à raclonette, vous pouvez également déposer la moitié d'une boulette sur votre tranche de fromage avant de l'enfourner.

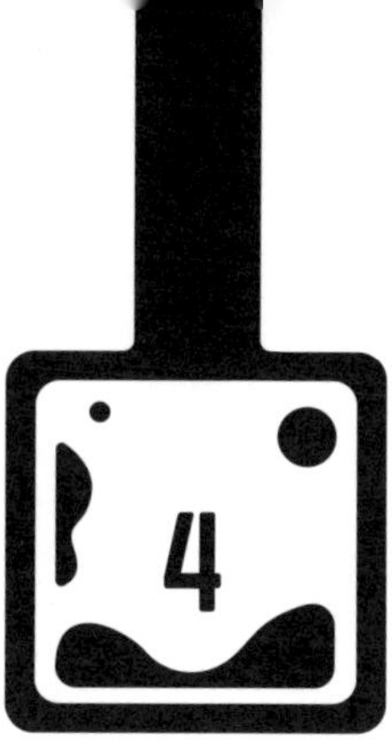

CAROTTES RÔTIES SUCRÉ-SALÉ

TEMPS DE PRÉPARATION

40 minutes -
dont 30 minutes
de cuisson

INGRÉDIENTS

- 4 carottes
- 2 cs d'huile d'olive
- 1 cc d'ail en poudre
- 1 cs bien remplie de miel
- 1 cc de graines de cumin
- Sel, poivre

PRÉPARATION

1. Préchauffez le four à 200° C.

2. Lavez puis épluchez les carottes. Coupez-les dans la longueur, afin d'obtenir des bâtonnets d'épaisseur égale (environ la taille d'une frite).

3. Disposez le tout sur une plaque recouverte de papier sulfurisé.

4. Dans une casserole, versez l'huile et le miel, et chauffez à feu doux jusqu'à ce que le mélange se liquéfie.

5. À l'aide d'un pinceau de cuisine, badigeonnez ensuite vos carottes du mélange d'huile et de miel obtenu. Parsemez d'ail et d'un peu de cumin. Salez et poivrez.

6. Enfournez et laissez cuire environ 30 minutes.

7. Placez quelques carottes dans votre assiette et coulez le fromage par-dessus.

EXOTIQUE RACLETTE AU CHÈVRE ET ANANAS CARAMÉLISÉ

TEMPS DE PRÉPARATION

55 minutes –
dont 30 minutes
de cuisson

INGRÉDIENTS

- 50 g de sucre roux
- 50 ml de jus d'orange
- 1 ½ cs de sirop d'érable
- 4 tranches d'ananas
- Raclette de chèvre

PRÉPARATION

1. Préchauffez le four à 220° C. Recouvrez la plaque du four d'une feuille de papier sulfurisé.

2. Découpez vos 4 tranches d'ananas en petits morceaux. Dans un saladier, mélangez le sirop d'érable, le jus d'orange et incorporez le sucre jusqu'à ce qu'il se dissolve.

3. Plongez les ananas dans le mélange et laissez-les mariner 10 minutes.

4. Disposez ensuite les ananas sur la plaque et conservez le surplus de marinade. Enfournez les ananas et faites rôtir pendant 30 minutes. À mi-cuisson, retournez les ananas et badigeonnez-les à nouveau de marinade. Remettez-les au four pour les 15 minutes restantes, afin qu'ils caramélisent.

5. Une fois sortis du four, vous pouvez arroser vos ananas du reste de marinade, si vous le souhaitez.

6. Coulez votre fromage de chèvre sur vos ananas grillés, directement dans l'assiette, ou ajoutez quelques morceaux sur votre tranche de fromage avant de glisser le poêlon dans l'appareil à raclette.

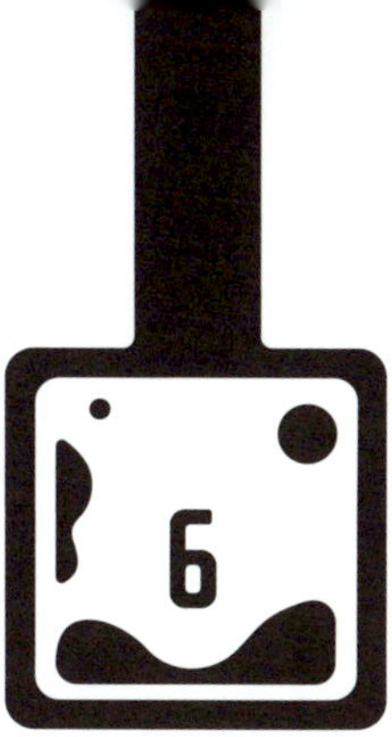

RACLETTE RÉCONFORTANTE AU CERVELAS GOURMAND

TEMPS DE PRÉPARATION

15 minutes - dont 10 minutes de cuisson

INGRÉDIENTS

- 1 cervelas
- 2 tranches de lard
- Ail, muscade, paprika

PRÉPARATION

1. Coupez le cervelas en deux dans le sens de la longueur. Coupez ensuite par le milieu les deux moitiés obtenues, afin d'obtenir quatre morceaux de taille égale.

2. Coupez vos tranches de lard en deux, puis enroulez une tranche de lard autour de chaque morceau de cervelas.

3. Faites-les cuire dans une poêle, 5 minutes de chaque côté.

4. Coulez le fromage sur les cervelas, directement dans votre assiette, puis assaisonnez selon vos envies avec de l'ail finement haché, de la noix de muscade et/ou du paprika.

CHOU-FLEUR EN CROQUETTES

TEMPS DE PRÉPARATION

30 minutes – dont 20 minutes de cuisson

QUANTITÉ

Pour environ 15 croquettes

INGRÉDIENTS

- 500 g de chou-fleur
- 1 œuf
- 40 g de chapelure
- 40 g de parmesan râpé
- 1 bouquet de ciboulette
- 1 cc de bouillon de légumes en poudre
- Sel

PRÉPARATION

1. Détaillez le chou-fleur en morceaux et faites-le cuire environ 15 minutes dans de l'eau additionnée d'une cuillère à café de bouillon de légumes.

2. Une fois cuit, rincez le chou-fleur sous l'eau froide et mettez-le dans un grand récipient.

3. Préchauffez le four à 200° C.

4. Écrasez grossièrement le chou-fleur à l'aide d'une fourchette.

5. Ajoutez tous les ingrédients au chou-fleur écrasé, salez, et mélangez pour obtenir une pâte homogène.

6. Pour former les croquettes, façonnez dans votre main une petite boule de la taille d'un pruneau et aplatissez-la légèrement.

7. Disposez les croquettes sur une plaque recouverte de papier sulfurisé. Enfournez pour 20 minutes. Après 10 minutes, retournez les croquettes et poursuivez la cuisson.

8. Une fois sorties du four, déposez quelques croquettes dans votre assiette et coulez la raclette par-dessus.

ASTUCE

Si vous n'avez pas de chapelure, coupez du pain sec en petits morceaux puis mixez-le très finement.

TEMPS DE PRÉPARATION

45 minutes – dont 35 minutes de cuisson

QUANTITÉ

Pour environ 8 boudins

INGRÉDIENTS

- 1 patate douce
- 1 pomme de terre
- 1 cs de crème fraîche
- 1 œuf
- 20 g de farine
- 25 g de chapelure
- Sel, poivre

MYSTÉRIEUSE RACLETTE AUX PATATES DOUCES

PRÉPARATION

1. Épluchez la patate douce et la pomme de terre, lavez-les et coupez-les en petits cubes.
2. Portez à ébullition une casserole remplie d'eau salée, plongez-y les morceaux de patate douce et de pomme de terre et laissez frémir environ 30 minutes.
3. Une fois la cuisson terminée, retirez l'excédent d'eau puis écrasez la pomme de terre et la patate douce à l'aide d'une fourchette, en ajoutant la crème fraîche.
4. Salez et poivrez, et laissez bien refroidir (c'est important).
5. Préparez 3 récipients. Versez la farine dans le premier, battez l'œuf dans le second et mettez la chapelure dans le troisième.
6. Formez des petits boudins avec votre mélange à base de patate douce. Passez-les d'abord dans la farine, puis dans l'œuf, et enfin dans la chapelure.
7. Plongez les boudins dans votre friteuse pendant 2 minutes, puis déposez-les sur du papier absorbant pour ôter le surplus d'huile.
8. C'est prêt ! Disposez quelques boudins dans votre assiette et coulez la raclette par-dessus.

ASTUCES

Si vous avez de la difficulté à former des boules, vous pouvez mettre votre préparation au congélateur pendant 15 minutes. Sortez-la avant qu'elle ne soit totalement congelée et découpez de petits cubes à l'aide d'un couteau. Procédez ensuite comme décrit ci-dessus en passant vos cubes dans la farine, l'œuf et la chapelure.

En guise de chapelure, vous pouvez également utiliser du pain sec. Coupez-le simplement en morceaux et mixez-le finement.

Si vous n'avez pas de friteuse, utilisez une poêle à frire. Faites simplement chauffer de l'huile puis plongez-y les boudins. Choisissez une huile d'olive ou de colza, qui supporte les hautes températures.

FRUITS DU MENDIANT AU MIEL

TEMPS DE PRÉPARATION

Env. 15 minutes - dont 11 minutes de cuisson

INGRÉDIENTS

- ½ cs de miel liquide
- ½ poignée de raisins secs
- ½ poignée de pistaches
- ½ poignée d'amandes
- ½ poignée de noisettes

PRÉPARATION

1. Préchauffez le four à 180° C.

2. Disposez sur une plaque chemisée de papier sulfurisé les pistaches, les amandes et les noisettes. Faites cuire environ 8 minutes. À mi-temps, remuez le tout pour une torréfaction homogène.

3. Sortez la plaque et laissez refroidir quelques minutes.

4. Mettez vos fruits à coque dans un torchon propre et frottez-les entre eux, ce qui va permettre de les émonder.

5. À l'aide d'un mortier, concassez le tout jusqu'à obtenir de petits morceaux.

6. Faites chauffer le miel dans une casserole. Ajoutez tous les ingrédients (y compris les raisins secs) et remuez environ 3 minutes.

7. Mettez un peu de cette préparation dans votre assiette et raclez le fromage par-dessus. Si vous utilisez un appareil à raclonette, vous pouvez également parsemer une tranche de fromage de quelques « fruits du mendiant » avant de la glisser dans le four.

ASTUCE

Pour varier la recette, vous pouvez choisir d'autres fruits à coque, par exemple des noix, ou encore remplacer les raisins secs par des figues sèches.

10

ON PIMENTE SA RACLETTE

TEMPS DE PRÉPARATION

Env. 1h15 - dont 8 minutes de cuisson et 1 heure minimum de séchage au four

INGRÉDIENTS

- 1 piment jalapeño
- 10 tranches de chorizo

PRÉPARATION

1. Coupez votre piment en petites rondelles et réservez.

2. Déposez les tranches de chorizo sur une plaque chemisée de papier cuisson, puis recouvrez-les d'une deuxième feuille de papier cuisson. Faites cuire environ 8 minutes, dans un four préchauffé à 125° C.

3. Après avoir éteint, ne sortez pas immédiatement le chorizo : laissez-le sécher dans le four pendant environ 1 heure, porte fermée. Vous pouvez le laisser plus longtemps pour un résultat encore plus croustillant.

4. Disposez les ingrédients dans votre assiette et coulez le fromage par-dessus. Si vous utilisez un appareil à raclonette, parsemez votre tranche de fromage de quelques chips de chorizo et d'un peu de piment avant de faire fondre le tout.

11

FESTIVAL DE POIVRONS CONFITS

TEMPS DE PRÉPARATION

40 minutes - dont 30 minutes de cuisson

INGRÉDIENTS

- ½ poivron vert
- ½ poivron jaune
- ½ poivron rouge
- ½ oignon
- 1 gousse d'ail
- 1 feuille de laurier
- 1 cc d'huile d'olive
- Sel, poivre

PRÉPARATION

1. Lavez les poivrons et coupez-les en lanières.

2. Émincez l'oignon et pressez l'ail.

3. Faites chauffer 1 cuillère à café d'huile d'olive dans une poêle. Mettez-y l'ail et l'oignon, et remuez pendant 3 minutes.

4. Ajoutez les poivrons et faites revenir à feu moyen pendant environ 5 minutes, en remuant régulièrement.

5. Assaisonnez avec la feuille de laurier, salez et poivrez.

6. Laissez ensuite cuire à feu doux durant 30 minutes, en remuant de temps en temps.

7. Coulez votre fromage sur les poivrons, directement dans l'assiette, ou ajoutez un peu de votre préparation sur une tranche de fromage, avant de faire fondre le tout dans un poêlon.

OIGNONS ROUGES EN TEMPURA

TEMPS DE PRÉPARATION

15 minutes – dont 10 minutes de cuisson

INGRÉDIENTS

- 1 gros oignon rouge
- 1 œuf
- 4 cc de fécule de pomme de terre
- 100 ml d'eau glacée
- 1 gousse d'ail émincée
- ½ cc de paprika
- Huile de friture (par ex. d'olive ou de colza)
- Sel, poivre

PRÉPARATION

1. Épluchez et coupez votre oignon en rondelles. Réservez.
2. Dans un récipient, mélangez l'eau et l'œuf. Ajoutez la fécule de pomme de terre, l'ail émincé, le paprika, le sel et le poivre.
3. Faites chauffer la friteuse ou la poêle à frire avec l'huile.
4. Trempez les rondelles d'oignon dans la préparation, puis faites-les frire.
5. Déposez ensuite vos oignons dans un récipient tapissé de papier absorbant, afin d'ôter le surplus d'huile.
6. Disposez les oignons dans votre assiette et coulez le fromage par-dessus. Si vous utilisez un appareil à raclonette, glissez quelques oignons sur ou sous la tranche de fromage avant d'enfourner le poêlon.

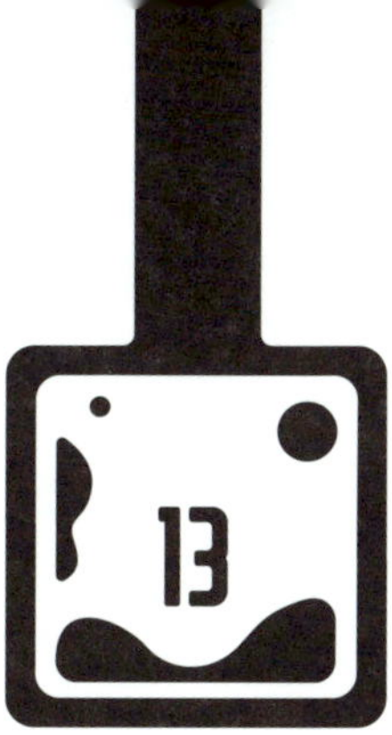

RACLETTE AUX TOMATES CERISES, ROUGE DE PLAISIR

TEMPS DE PRÉPARATION

45 minutes - dont 40 minutes de cuisson

INGRÉDIENTS

- 500 g de tomates cerises
- 4 feuilles de basilic
- 3 cs d'huile d'olive
- 2 gousses d'ail
- Sel, poivre

PRÉPARATION

1. Préchauffez le four à 210° C.

2. Lavez les tomates. Épluchez et émincez les gousses d'ail.

3. Mettez les tomates dans un récipient et ajoutez l'huile, le basilic et l'ail. Salez, poivrez, puis mélangez le tout.

4. Versez l'ensemble des ingrédients dans un plat à gratin et enfournez pour 40 minutes.

5. Une fois sorties du four, disposez quelques tomates dans votre assiette et coulez le fromage par-dessus.

14

L'AUDACE DU GINGEMBRE MARINÉ

TEMPS DE PRÉPARATION

Env. 20 minutes -
dont 5 minutes
de cuisson

TEMPS DE REPOS

48 heures

QUANTITÉ

Pour cuisiner un bocal de 200 ml de gingembre

INGRÉDIENTS

- 110 g de gingembre frais
- 100 ml de vinaigre de riz
- 180 ml d'eau
- 45 g de sucre
- Quelques zestes de citron vert
- Sel

PRÉPARATION

1. Épluchez le gingembre. À l'aide d'une mandoline ou d'un éplucheur, coupez le gingembre en fines tranches.

2. Portez l'eau à ébullition dans une casserole et plongez-y le gingembre. Laissez cuire 2 minutes, puis sortez de l'eau et réservez.

3. Dans une casserole, faites chauffer le vinaigre de riz, le sel et le sucre. Remuez jusqu'à ce que le sucre se dissolve.

4. Mettez les tranches de gingembre cuit dans un bocal en verre que vous aurez stérilisé au préalable en le plongeant dans une casserole d'eau bouillante pendant 10 minutes. Versez ensuite dans le bocal le mélange de vinaigre, de sel et de sucre. Ajoutez les zestes de citron, puis fermez le bocal.

5. Laissez reposer 48 heures avant consommation.

6. Raclez votre fromage et dégustez avec un peu de gingembre.

ASTUCE

Dans un lieu sec et à l'abri de la lumière, votre bocal stérilisé se conservera 10 à 12 mois. Une fois ouvert, conservez au frigo et consommez rapidement.

15

HASSELBACK POTATOES À LA SUÉDOISE

TEMPS DE PRÉPARATION

1 heure - dont 45 minutes de cuisson

INGRÉDIENTS

- 2 pommes de terre
- 1 cc de beurre
- 2 cs d'huile d'olive
- Paprika, origan, thym, romarin
- Fleur de sel
- Poivre

PRÉPARATION

1. Préchauffez votre four à 180° C.

2. Épluchez vos pommes de terre et lavez-les. À l'aide d'un couteau, pratiquez plusieurs entailles dans chaque pomme de terre, dans le sens de la largeur, tout en veillant à les garder entières.

3. Placez les pommes de terre dans un plat à gratin. À l'aide d'un pinceau de cuisine, badigeonnez chaque entaille de beurre ramolli ou fondu. Parsemez ensuite chaque pomme de terre de thym, de romarin, d'origan, de fleur de sel, de poivre du moulin et de paprika (selon vos goûts).

4. Arrosez d'huile d'olive et enfournez. Laissez cuire 45 minutes.

5. C'est prêt ! Coulez votre fromage sur les pommes de terre, directement dans l'assiette.

16

CRAQUANTE RACLETTE DE VIANDE SÉCHÉE ET NOIX DE CAJOU

TEMPS DE PRÉPARATION

20 minutes -
dont 5 minutes de cuisson

INGRÉDIENTS

- 100 g de viande séchée
- 2 cs de noix de cajou
- 1 gousse d'ail
- 1 échalote
- 1 cs d'huile d'olive

PRÉPARATION

1. Coupez la viande séchée en petits carrés.

2. Épluchez l'ail et l'échalote, et hachez-les menu.

3. Concassez les noix de cajou.

4. Dans une poêle antiadhésive, faites chauffer l'huile d'olive, puis ajoutez l'ail, les échalotes, la viande séchée et, enfin, les noix de cajou. Faites revenir environ 5 minutes en remuant régulièrement.

5. Coulez votre raclette dans l'assiette et parsemez le tout de crumble de viande séchée et noix de cajou. Si vous utilisez un appareil à raclonette, vous pouvez également ajouter un peu de crumble sur votre tranche de fromage avant de l'enfourner.

17

SAUCISSES ET RACLETTE, INSPIRATION BARBECUE

TEMPS DE PRÉPARATION

15 minutes - dont 10 minutes de cuisson

INGRÉDIENTS

- Diverses saucisses de votre choix (merguez, chipolata, saucisse de veau, saucisse à rôtir, etc.), environ 180 g au total
- 1 cs d'huile d'olive

PRÉPARATION

1. Coupez les saucisses en rondelles.

2. Faites chauffer l'huile dans une poêle à frire ou à grillade et faites-y revenir les morceaux de saucisses.

3. Coulez le fromage sur vos saucisses, directement dans l'assiette. Si vous utilisez un appareil à raclonette, vous pouvez également ajouter quelques morceaux sur votre tranche de fromage avant de la faire fondre.

18

FABULEUSE RACLETTE AU CHÈVRE ET FIGUES FRAÎCHES

TEMPS DE PRÉPARATION

Env. 3 minutes

INGRÉDIENTS

- 2 figues fraîches
- Une poignée de cerneaux de noix torréfiés et concassés
- 2 cs de pignons de pin torréfiés
- 1 cs de miel
- Raclette de chèvre

PRÉPARATION

1. Coupez les figues en quartiers.

2. Dans votre assiette, déposez un morceau de figue, quelques noix et quelques pignons de pin. Coulez votre fromage de chèvre par-dessus et terminez avec un filet de miel.

3. Si vous utilisez un appareil à raclonette, placez une tranche de fromage dans un poêlon, puis ajoutez un quartier de figue, quelques noix et quelques pignons de pin avant d'enfourner le tout. Une fois fondu, coulez le fromage dans votre assiette et parfumez avec un filet de miel.

ASTUCE

Pour torréfier vos noix et pignons, rien de plus simple : il suffit de les déposer sur une plaque chemisée de papier cuisson et de les mettre au four à 180° C, pendant 5 à 8 minutes environ. Cela apportera du croquant à votre recette !

19

MÉLI-MÉLO D'ASPERGES ET LARD GRILLÉ

TEMPS DE PRÉPARATION

35 minutes - dont
20 minutes de cuisson

INGRÉDIENTS

- 250 g d'asperges vertes
- 4 tranches de lard
- 4 échalotes
- 2 cs de vinaigre balsamique
- Sel

PRÉPARATION

1. Coupez la partie dure en bas de vos asperges. Épluchez-les ensuite de la pointe vers le bas.

2. Rincez vos asperges, puis plongez-les dans une casserole d'eau bouillante salée. Laissez cuire 20 minutes environ.

3. Pendant ce temps, émincez les échalotes et faites-les revenir quelques minutes dans une poêle avec le vinaigre balsamique.

4. Coupez votre lard en plusieurs morceaux et faites-le griller dans une poêle à frire, sans matière grasse.

5. Plantez la pointe d'un couteau dans vos asperges pour voir si elles sont tendres. Égouttez-les, puis coupez-les en petits tronçons.

6. Pour terminer, mélangez les asperges avec les échalotes et le lard.

7. Coulez le fromage sur votre préparation, directement dans l'assiette. Si vous utilisez un appareil à raclonette, vous pouvez aussi ajouter quelques morceaux d'asperges sur une tranche de fromage avant de la faire fondre.

TEMPS DE PRÉPARATION

40 minutes – dont 30 minutes de cuisson

INGRÉDIENTS

- 100 g de chou kale
- 100 g de lardons
- 2 cs d'huile d'olive
- 1 pincée de gros sel
- 1 cs de curry

20

RACLETTE AU CHOU KALE QUI CROUSTILLE SOUS LA DENT

PRÉPARATION

1. Préchauffez le four à 120° C.

2. Coupez la tige du chou kale et détachez les feuilles. Lavez, essorez, puis détaillez les feuilles en morceaux de la taille d'une chips.

3. Dans un récipient, mélangez l'huile d'olive et le curry. Ajoutez les feuilles de chou kale et mélangez bien le tout.

4. Disposez le chou kale sur une plaque chemisée de papier cuisson et enfournez pour 30 minutes.

5. Faites revenir les lardons dans une poêle à frire, sans matière grasse. Lorsqu'ils sont bien dorés, déposez-les sur du papier absorbant. Prenez bien soin de retirer le surplus de gras : vous éviterez ainsi de « ramollir » vos chips de chou kale au moment de mélanger le tout !

6. À mi-cuisson, retournez les feuilles de chou kale.

7. Sortez les chips de chou kale du four et saupoudrez d'un peu de gros sel. Laissez ensuite refroidir, puis mélangez délicatement avec les lardons.

8. Coulez le fromage dans votre assiette et déposez quelques chips et lardons sur le dessus.

ASTUCES

Pour varier les goûts, remplacez le curry par une autre épice de votre choix, par exemple du paprika ou du safran.

Pour une variante végétarienne, remplacez simplement les lardons par des champignons émincés.

TEMPS DE PRÉPARATION

Env. 35 minutes – dont 20 à 25 minutes de cuisson

QUANTITÉ

Pour cuisiner un bocal d'environ 250 ml d'échalotes

INGRÉDIENTS

- 300 g d'échalotes
- 2 cs de sucre
- 100 ml de vinaigre balsamique
- ½ cc de curcuma
- ½ cc de cannelle
- 1 gousse d'ail
- Sel, poivre

21

LE MARIAGE ÉCHALOTES-VINAIGRE BALSAMIQUE

PRÉPARATION

1. Épluchez les échalotes et coupez-les en grosses rondelles.
2. Mettez les échalotes dans une casserole avec tous les autres ingrédients.
3. Faites cuire à feu doux pendant 20 à 25 minutes, en remuant régulièrement, jusqu'à ce que les échalotes soient transparentes. Si le vinaigre s'évapore trop vite, n'hésitez pas à ajouter un peu d'eau en cours de cuisson.
4. Lorsque votre préparation a l'aspect d'une compote, vous pouvez la retirer du feu. Versez dans un bocal en verre et laissez refroidir.
5. Coulez le fromage directement sur votre préparation, ou mettez-en un peu sur votre tranche de fromage avant de glisser le poêlon dans l'appareil à raclette.

ASTUCE

Vous prévoyez une raclette party mais n'aurez pas le temps de cuisiner le jour J ? Cette recette peut tout à fait se préparer en amont ! Pensez simplement à stériliser votre bocal en verre au préalable en le plongeant dans une casserole d'eau bouillante pendant 10 minutes. Dans un lieu sec et à l'abri de la lumière, il se conservera ainsi 10 à 12 mois. Une fois ouvert, gardez-le au frigo et consommez rapidement.

22

IRRÉSISTIBLE POÊLÉE DE POMMES DE TERRE ET LARDONS

TEMPS DE PRÉPARATION

35 minutes - dont 25 minutes de cuisson

INGRÉDIENTS

- 8 petites pommes de terre, de type grenaille ou baby
- 75 g de lardons
- 75 g de champignons de Paris émincés
- 1 petit oignon
- 1 gousse d'ail
- 30 ml d'huile d'olive
- Marjolaine séchée
- Sel, poivre

PRÉPARATION

1. Lavez vos pommes de terre. Émincez l'oignon et l'ail.
2. Dans un récipient, mélangez les pommes de terre, l'oignon, l'ail et une pincée de marjolaine. Arrosez d'huile d'olive, pour que tout soit bien imbibé. Salez et poivrez.
3. Faites cuire cette préparation dans une poêle à frire pendant 15 minutes environ, en surveillant bien et en remuant de temps en temps afin d'éviter que cela ne brûle.
4. Ajoutez les lardons et faites revenir 5 minutes. Ajoutez ensuite les champignons et laissez cuire encore 5 minutes.
5. Raclez le fromage directement sur vos pommes de terre.

ASTUCES

Pour relever le goût, n'hésitez pas à saupoudrer d'un peu de paprika en fin de cuisson.

Augmentez la quantité de champignons selon vos préférences.

23

OMELETTE-RACLETTE

TEMPS DE PRÉPARATION

20 minutes -
dont 10 minutes
de cuisson

INGRÉDIENTS

- 4 œufs
- 1 oignon
- 1 grosse tomate
- 50 ml de crème liquide
- 1 cs d'huile d'olive
- 1 gousse d'ail
- Sel, poivre

PRÉPARATION

1. Épluchez et hachez l'oignon et l'ail. Coupez la tomate en petits cubes.

2. Faites chauffer l'huile d'olive dans une poêle et faites-y revenir l'oignon. Ajoutez les tomates et laissez mijoter 5 minutes.

3. Dans un bol, battez les œufs, la crème, le sel et le poivre. Versez ensuite les tomates et l'oignon dans la préparation aux œufs, et mélangez bien.

4. Si vous utilisez un appareil à raclette, versez un peu de votre préparation dans un poêlon et faites fondre une tranche de fromage dans un autre poêlon. (Sinon, passez au point 5.) Une fois l'omelette cuite, versez le fromage fondu dessus.

5. Pour accompagner une raclette « traditionnelle », faites d'abord cuire l'omelette dans une poêle. Une fois prête, coupez-la en morceaux, que vous déposerez dans votre assiette avant d'y couler votre fromage.

24

POIRES ÉPICÉES AU VIN ROUGE

TEMPS DE PRÉPARATION

30 minutes -
dont 20 minutes
de cuisson

INGRÉDIENTS

- 2 poires (par exemple Williams ou Botzi)
- 300 ml de vin rouge
- 50 g de sucre
- 1 clou de girofle
- ½ cs de miel
- Le zeste d'une orange
- ½ sachet de sucre vanillé
- Poivre

PRÉPARATION

1. Dans une casserole, portez à ébullition le vin, le zeste, le miel, le sucre, le poivre, le clou de girofle et le sucre vanillé.

2. Épluchez les poires et coupez-les en deux, en veillant à retirer les pépins. Rincez-les ensuite sous l'eau.

3. Ajoutez les poires à la préparation de vin, couvrez et laissez mijoter à feu doux pendant 15 minutes.

4. Sortez les poires de la casserole et réservez. Laissez réduire la préparation de vin pendant quelques minutes encore, en faisant bouillir très doucement.

5. Passez le vin dans une passoire, puis nappez-en vos poires.

6. Disposez quelques morceaux de poire dans l'assiette et coulez votre fromage par-dessus. Si vous utilisez un appareil à raclonette, vous pouvez couper les poires en plus petits morceaux, que vous ajouterez dans votre poêlon avant de l'enfourner.

25

CONFITURE D'OIGNONS À LA BIÈRE

TEMPS DE PRÉPARATION

1h20 - dont 1 heure de cuisson

QUANTITÉ

Pour cuisiner un bocal de 250 ml de confiture

INGRÉDIENTS

- 500 g d'oignons
- 25 g de beurre
- 75 g de sucre de canne
- ½ cs de miel
- 1 cs de vinaigre balsamique
- 125 ml de bière rousse

PRÉPARATION

1. Épluchez puis émincez les oignons.
2. Faites fondre le beurre dans une poêle. Ajoutez les oignons et remuez jusqu'à ce qu'ils deviennent transparents. Versez ensuite le vinaigre et laissez réduire 2 minutes.
3. Ajoutez le sucre et le miel, et remuez 2 minutes.
4. Enfin, versez la bière et laissez mijoter à feu doux environ 1 heure, jusqu'à ce que les oignons soient confits.
5. Retirez du feu et versez le tout dans un bocal.
6. Raclez votre fromage dans l'assiette et dégustez avec un peu de confiture. Si vous utilisez un appareil à raclonette, vous pouvez ajouter une cuillère à café d'oignons confits sur votre tranche de fromage avant de l'enfourner.

ASTUCE

Vous prévoyez une raclette party mais n'aurez pas le temps de cuisiner le jour J ? Cette recette peut tout à fait se préparer en amont ! Pensez simplement à stériliser votre bocal en verre au préalable en le plongeant dans une casserole d'eau bouillante pendant 10 minutes. Vous pourrez ainsi le conserver 10 à 12 mois, dans un lieu sec et à l'abri de la lumière. Une fois ouvert, gardez-le au frigo et consommez rapidement.

TEMPS DE PRÉPARATION

Env. 1 heure – dont 30 minutes de cuisson

QUANTITÉ

Pour cuisiner un bocal de 250 ml de compotée

INGRÉDIENTS

- 150 g de pommes
- 150 g de poires
- 2 cs de noisettes torréfiées
- 1 cs de jus de citron
- 30 à 50 g de sucre (selon votre goût)
- Cannelle

LA RACLETTE POMMES-POIRES AUX PARFUMS DU VERGER

PRÉPARATION

1. Épluchez vos fruits, rincez-les, puis coupez-les en petits morceaux en prenant soin de retirer le trognon.

2. Dans une casserole, mettez les fruits, quelques noisettes concassées, le jus de citron et le sucre, et laissez mijoter environ 30 minutes.

3. Une fois cuits, écrasez vos fruits avec une fourchette. Mettez la préparation dans un bocal ou dans de petites verrines et saupoudrez d'un peu de cannelle.

4. Coulez votre fromage sur la compotée de pommes-poires, directement dans l'assiette. Si vous utilisez un appareil à raclonette, vous pouvez parsemer votre tranche de fromage de diverses herbes aromatiques, puis ajouter un peu de compotée avant d'enfourner pour faire fondre le tout.

ASTUCE

Comme pour la recette précédente, cette compotée peut facilement se préparer à l'avance, en prévision d'une soirée raclette. Pour ce faire, il vous suffit de stériliser votre bocal en verre au préalable en le plongeant 10 minutes dans une casserole d'eau bouillante. Une fois fermé, le bocal se conservera 10 à 12 mois dans un lieu sec, à l'abri de la lumière. Après ouverture, gardez-le au frigo et consommez rapidement.

27

PESTO DE TOMATES SÉCHÉES

TEMPS DE PRÉPARATION

10 minutes

INGRÉDIENTS

- 100 g de tomates séchées à l'huile
- 1 gousse d'ail
- 20 g de parmesan râpé
- 2 feuilles de basilic frais
- 1 cc d'herbes de Provence
- Sel, poivre

PRÉPARATION

1. Coupez les tomates grossièrement et lavez les feuilles de basilic.
2. Épluchez la gousse d'ail et coupez-la en morceaux.
3. Mettez tous les ingrédients dans un mixeur. Mixez et arrêtez-vous avant que le mélange ne soit trop pâteux.
4. Goûtez et réajustez au besoin en ajoutant l'huile restante de vos tomates séchées, du basilic ou des assaisonnements.
5. Raclez votre fromage dans l'assiette et dégustez avec un peu de pesto. Si vous utilisez un appareil à raclonette, ajoutez-en un peu sur votre tranche de fromage avant de l'enfourner.

ASTUCE

Pour encore plus de goût, ajoutez quelques pignons de pin torréfiés à votre préparation.

LA RACLETTE CÔTÉ CUISINE

« Qu'est-ce qu'on mange ce soir ? Filet mignon, gratin de courge… ou plutôt raclette ? »

Grâce aux recettes de cette section, plus besoin de choisir ! Passez derrière les fourneaux et concoctez des plats originaux qui, une fois nappés de fromage fondu, vous révèleront toutes leurs saveurs… La raclette, délicieuse tradition, devient un ingrédient à part entière et s'invite en cuisine pour sublimer vos créations : de quoi redécouvrir sous un nouveau jour cette spécialité helvétique tout en apportant une touche de modernité à vos menus préférés !

Alors, n'hésitez plus : mettez les petits plats dans les grands et mijotez pour vos invités des mets aux goûts subtils, aux parfums d'ici et d'ailleurs, que le fromage croustillant saura rendre encore plus gourmands. Osez, et vous verrez : vous allez vous régaler !

Toute occasion est bonne pour déguster une raclette !
Alors, pourquoi se priver ?

28

CORDON BLEU DE LA RÉGION

TEMPS DE PRÉPARATION

Env. 45 minutes - dont 20 à 30 minutes de cuisson

INGRÉDIENTS

- 2 escalopes de porc (d'environ 150 g chacune)
- 4 tranches de Jambon cru du Valais IGP
- 6 abricots secs (optionnel)
- 1 cs de farine
- 6 cs de chapelure
- 1 œuf
- 1 cc de beurre
- Sel, poivre

PRÉPARATION

1. Coupez en portefeuille vos escalopes (c'est-à-dire : coupez-les dans le sens de la longueur tout en gardant les bords attachés, ce qui vous permettra de glisser des ingrédients à l'intérieur). Salez et poivrez la viande des deux côtés.

2. Incorporez dans les escalopes un peu de jambon et quelques abricots secs émincés, puis refermez bien vos escalopes.

3. Munissez-vous de deux assiettes plates et d'une assiette creuse. Versez la farine dans la première, la chapelure dans la seconde, puis battez l'œuf dans l'assiette creuse.

4. Passez maintenant votre viande dans la farine, puis dans l'œuf et, enfin, dans la chapelure.

5. Dans une poêle, chauffez le beurre et faites cuire vos escalopes 10 à 15 minutes de chaque côté.

6. Une fois cuites, détaillez vos escalopes en quatre ou plus, afin d'obtenir plusieurs petits morceaux.

7. Raclez votre fromage sur vos morceaux d'escalope, directement dans l'assiette. Si vous utilisez un appareil à raclonette, rien ne vous empêche de déposer un morceau d'escalope sur votre tranche de fromage avant de l'enfourner.

29

LA RACLETTE ET SON AVOCAT

TEMPS DE PRÉPARATION

20 minutes - dont 15 minutes de cuisson

QUANTITÉ

Pour environ 8 boulettes

INGRÉDIENTS

- 1 avocat
- 2 œufs
- Sel, poivre

PRÉPARATION

1. Préchauffez le four à 220° C.
2. Coupez l'avocat en deux, puis retirez le noyau. À l'aide d'une cuillère, agrandissez un peu le trou de l'avocat.
3. Posez les deux moitiés d'avocat dans un plat à gratin. Cassez un œuf dans chaque trou d'avocat. Salez et poivrez.
4. Enfournez et laissez cuire 15 minutes.
5. Déposez une moitié d'avocat dans votre assiette et coulez la raclette par-dessus.

ASTUCES

Pour bien stabiliser votre avocat, vous pouvez utiliser un moule à muffin.

Pour un résultat encore plus gourmand, n'hésitez pas à agrémenter la recette de quelques lardons, que vous déposerez sur l'œuf avant de passer au four.

30

À L'AMÉRICAINE VERSION BURGER

TEMPS DE PRÉPARATION

30 minutes - dont 20 minutes de cuisson

INGRÉDIENTS

- 300 g de bœuf haché
- 1 petit oignon
- 1 gousse d'ail
- 1 cc de paprika
- 1 cs de sauce Worcestershire
- 1 cs de moutarde
- 1 cs d'huile d'olive
- Sel, poivre

PRÉPARATION

1. Épluchez et émincez l'oignon et la gousse d'ail.

2. Placez tous les ingrédients (sauf l'huile) dans un saladier et mélangez avec vos mains jusqu'à obtention d'une masse homogène.

3. À partir du mélange, formez deux boules puis aplatissez-les. Réservez les burgers au frais pendant une vingtaine de minutes, le temps qu'ils se raffermissent.

4. Chauffez l'huile dans une poêle à frire et déposez-y les burgers. Faites-les cuire environ 10 minutes de chaque côté, en ajustant le temps de cuisson de la viande selon vos préférences.

5. Suggestion pour le dressage : amusez-vous en disposant votre burger sur un *bun* (pain à burger) dans votre assiette, ajoutez une tranche de tomate, une feuille de salade, puis coulez votre fromage fondu par-dessus. Effet garanti !

ASTUCE

Si c'est pour un enfant, vous pouvez faire l'impasse sur l'ail.

31

DÉLICES DES SOUS-BOIS

TEMPS DE PRÉPARATION

20 minutes - dont 15 minutes de cuisson

INGRÉDIENTS

- 400 g de mélange de champignons
- 2 tiges de thym
- 1 gousse d'ail
- 50 ml de vin blanc
- 50 ml de bouillon de légumes
- 100 ml de crème
- 15 g de beurre
- 200 g de pain
- 1 cs d'huile d'olive
- Sel, poivre

PRÉPARATION

1. Préchauffez le four à 240° C.
2. Émincez les champignons. Épluchez puis hachez la gousse d'ail.
3. Chauffez l'huile dans une poêle et faites-y revenir les champignons. Ajoutez l'ail et le thym, puis mouillez le tout avec la crème, le bouillon et le vin. Salez et poivrez, puis laissez mijoter 10 minutes.
4. Beurrez vos tranches de pain et disposez-les dans un plat à gratin. Répartissez votre préparation de champignons sur les tranches de pain et faites-les cuire dans la partie supérieure du four pendant 5 minutes.
5. Coulez votre raclette sur les croûtes aux champignons.

32

UN PETIT GOÛT D'ITALIE

TEMPS DE PRÉPARATION

Env. 1 heure - dont 45 minutes de cuisson

INGRÉDIENTS

- 4 échalotes
- 100 g de mascarpone
- 4 tranches de jambon cru
- 1 œuf
- Sel, poivre, origan

PRÉPARATION

1. Épluchez les échalotes et faites-les cuire à la vapeur pendant 30 minutes (ou au bain-marie, si vous n'avez pas d'appareil pour cuire à la vapeur).

2. Dans un récipient, mélangez le mascarpone et l'œuf. Assaisonnez avec une pincée de sel, de poivre et d'origan.

3. Enroulez les échalotes avec les tranches de jambon cru et disposez-les dans un plat à gratin. Versez la préparation à base de mascarpone sur les échalotes, puis enfournez à 180° C pour 15 minutes.

4. Déposez les échalotes dans votre assiette et coulez le fromage par-dessus. Si vous utilisez un appareil à raclonette, vous pouvez ajouter une échalote sur ou sous votre tranche de fromage avant de l'enfourner.

33

SAVEURS DE L'INDE EN RACLETTE

TEMPS DE PRÉPARATION

20 minutes – dont 10 minutes de cuisson

INGRÉDIENTS

- 2 escalopes de poulet (d'environ 125 g chacune)
- 1 jaune d'œuf
- ½ cs de curry
- ½ cs d'huile d'olive

PRÉPARATION

1. Coupez les escalopes en petits dés.
2. Battez le jaune d'œuf et badigeonnez-en vos morceaux de poulet. Saupoudrez ensuite de curry et mélangez pour bien imprégner votre poulet.
3. Mettez l'huile à chauffer dans une poêle. Faites cuire votre poulet 10 minutes environ, en remuant régulièrement.
4. Déposez un peu d'émincé dans votre assiette et coulez le fromage fondu par-dessus. Si vous utilisez un appareil à raclonette, ajoutez une cuillère à café d'émincé sur votre tranche de fromage avant de l'enfourner.

34

RACLETTE « SAUTE EN BOUCHE »

TEMPS DE PRÉPARATION

15 minutes - dont 10 minutes de cuisson

INGRÉDIENTS

- 4 petites escalopes de veau (d'environ 60 g chacune)
- 50 ml de vin blanc
- 20 g de beurre
- 1 filet d'huile d'olive
- 4 feuilles de sauge
- Sel, poivre
- Cure-dents

PRÉPARATION

1. Tapotez les escalopes pour les rendre plus tendres. Disposez une feuille de sauge sur chaque escalope et maintenez-la à l'aide d'un cure-dents.
2. Chauffez le beurre et l'huile dans une poêle à frire. Faites cuire vos escalopes 2 à 3 minutes de chaque côté.
3. Ajoutez le vin blanc et laissez-le s'évaporer. Une fois la viande cuite, salez et poivrez.
4. Coulez la raclette sur vos escalopes, directement dans l'assiette. Si vous utilisez un appareil à raclonette, coupez vos escalopes en deux ou en quatre et déposez un morceau dans votre poêlon avant de l'enfourner pour faire fondre le fromage.

ASTUCE

En plus de la sauge, vous pouvez ajouter une petite tranche de jambon cru à vos escalopes.

35

FILET DE VOLAILLE À LA VALAISANNE

TEMPS DE PRÉPARATION

25 minutes -
dont 10 minutes
de cuisson

INGRÉDIENTS

- 2 filets de volaille (d'environ 150 g chacun)
- 1 cs d'huile d'olive
- 1 tomate
- Diverses herbes séchées (de type herbes de Provence)
- Sel, poivre

PRÉPARATION

1. Chauffez l'huile dans une poêle à frire, puis faites cuire les filets 5 minutes de chaque côté.

2. Pendant la cuisson des filets, coupez la tomate en rondelles.

3. Une fois cuits, déposez les filets sur votre plan de travail. Disposez une tranche de tomate sur chaque filet. Salez et poivrez le tout, puis ajoutez les herbes.

4. Placez le filet de volaille dans votre assiette et raclez le fromage par-dessus. Si vous utilisez un appareil à raclonette, n'hésitez pas à couper vos filets en deux ou en quatre pour les adapter à la taille des poêlons.

36

PIZZA D'AUBERGINE ET SA RACLETTE DE BREBIS

TEMPS DE PRÉPARATION

30 minutes - dont 15 minutes de cuisson

INGRÉDIENTS

- 1 aubergine
- 125 g de sauce tomate
- 30 ml d'huile d'olive
- Sel, poivre, herbes de Provence
- Raclette de brebis

PRÉPARATION

1. Lavez l'aubergine et coupez-la en rondelles.
2. Préchauffez le four à 180° C.
3. Disposez les rondelles d'aubergine sur une plaque recouverte de papier cuisson et badigeonnez-les d'huile d'olive. Salez, poivrez, puis saupoudrez d'herbes.
4. Enfournez et laissez cuire environ 15 minutes.
5. Pendant ce temps, chauffez la sauce tomate dans une casserole.
6. Sortez les aubergines du four et mettez un peu de sauce tomate sur chaque rondelle.
7. Déposez une rondelle d'aubergine dans votre assiette et coulez votre raclette de brebis par-dessus. Si vous utilisez un appareil à raclonette, mettez une aubergine dans votre poêlon, une tranche de fromage par-dessus, puis enfournez pour faire fondre.

ASTUCE

Pourquoi ne pas ajouter un peu de garniture sur votre sauce tomate ? Jambon, champignons émincés, quelques oignons... Faites-vous plaisir : avec la pizza, tout est permis !

CROQUE-RACLETTE

TEMPS DE PRÉPARATION

5 minutes

INGRÉDIENTS

- 2 tranches de pain toast
- 2 tranches de jambon
- 1 cs de moutarde
- 2 cornichons

PRÉPARATION

1. Toastez le pain.

2. Tartinez de moutarde et déposez une tranche de jambon sur chaque toast.

3. Divisez les toasts en quatre petites parts.

4. Coupez les cornichons en rondelles et déposez-les sur les tranches de pain.

5. Il ne vous reste plus qu'à couler le fromage fondu par-dessus !

ASTUCES

Si vous n'aimez pas la moutarde, remplacez par du beurre.

En mode « toast Hawaï », ajoutez une tranche d'ananas et un peu de paprika.

TEMPS DE PRÉPARATION

1h15 –
dont 30 minutes
de cuisson

INGRÉDIENTS

- 100 g de riz Arborio
- 125 g de dés de jambon
- 50 ml de vin blanc
- 1 gros œuf
- ½ oignon émincé
- 75 g de chapelure
- 70 g de farine
- 1 cs d'huile d'olive
- Persil
- Sel

38

ARANCINI

PRÉPARATION

1. Chauffez une casserole d'eau salée. Ajoutez le riz et laissez cuire à feu doux pendant 20 minutes.

2. Faites chauffer de l'huile d'olive dans une poêle à frire et saisissez l'oignon.

3. Ajoutez les dés de jambon. Versez ensuite le vin blanc, en remuant jusqu'à ce qu'il soit absorbé. Réservez le tout.

4. Une fois cuit, transvasez le riz dans un récipient et laissez-le bien refroidir (cela facilitera les prochaines étapes). Ajoutez du persil haché et mélangez.

5. Versez la farine dans une première coupelle, la chapelure dans une seconde, et battez l'œuf à l'aide d'une fourchette dans un troisième récipient.

6. Formez ensuite de petites boules de riz entre vos mains et faites-y un petit trou pour y incorporer la préparation de jambon et oignon.

7. Passez les boules de riz dans la farine, puis dans l'œuf et, enfin, dans la chapelure.

8. Plongez les arancini dans une friteuse afin de les faire dorer.

9. Une fois prêts, déposez-les sur du papier absorbant pour ôter l'excédent d'huile.

10. Placez les arancini dans votre assiette et coulez la raclette par-dessus.

ASTUCES

Pour varier les goûts, vous pouvez remplacer vos dés de jambon par de la viande hachée ou ajouter, par exemple, des petits pois.

Si vous n'avez pas de friteuse, utilisez une poêle à frire : faites simplement chauffer de l'huile, puis plongez-y les arancini. Choisissez une huile d'olive ou de colza, qui supporte les hautes températures.

Saucisse aux choux
vaudoise

39

RACLETTE VAUDOISE

TEMPS DE PRÉPARATION

1 heure - dont 40 minutes de cuisson

INGRÉDIENTS

- 300 g de poireaux
- 1 saucisse aux choux d'environ 350 g
- 15 g de beurre
- 1 cs de crème fraîche
- ½ cs de moutarde
- 1 cs de jus de citron
- Sel, poivre
- Cure-dents

PRÉPARATION

1. Coupez les poireaux en petits tronçons et lavez-les bien.

2. Chauffez une poêle à frire et faites-y fondre le beurre. Ajoutez les poireaux et faites cuire environ 25 minutes à couvert, à feu doux. Remuez de temps en temps pour éviter que cela n'attache au fond de la poêle.

3. Dans l'intervalle, faites chauffer une casserole d'eau, en veillant à ne pas trop saler l'eau. Piquez la saucisse de quelques cure-dents et faites-la cuire 25 minutes environ.

4. Ajoutez le jus de citron, la moutarde et la crème dans les poireaux. Salez et poivrez, puis mélangez le tout. Couvrez les poireaux et laissez cuire encore 10 minutes à feu doux.

5. Ouvrez votre saucisse dans le sens de la longueur et raclez l'intérieur dans votre assiette. Ajoutez un peu de fondue de poireaux, puis coulez votre raclette par-dessus. Si vous utilisez un appareil à raclonette, vous pouvez mettre un peu de poireau et de saucisse sur votre tranche de fromage avant de l'enfourner.

40

RACLETTE DE BREBIS SUR GRATIN DE COURGE BUTTERNUT

TEMPS DE PRÉPARATION

45 minutes -
dont 35 minutes
de cuisson

INGRÉDIENTS

- 500 g de courge butternut
- 20 g de lardons
- 1 cs d'herbes hachées (persil et ciboulette)
- 100 ml de crème liquide
- Sel, poivre, noix de muscade
- Raclette de brebis

PRÉPARATION

1. Commencez par couper la courge en morceaux. Épluchez-les, puis rincez-les.
2. Faites cuire les morceaux de courge pendant 15 minutes dans un fond d'eau salée jusqu'à ce qu'ils soient tendres (ajustez le temps de cuisson si besoin).
3. Disposez vos morceaux de courge dans un plat à gratin avec les lardons. Parsemez le tout de quelques herbes fraîches (vous pouvez en mettre plus ou moins selon votre goût). Assaisonnez de noix de muscade, de poivre et d'un peu de sel (attention au dosage, les lardons sont déjà bien salés).
4. Versez ensuite la crème sur votre préparation de courge et enfournez à 210° C pour 20 minutes environ.
5. Coulez votre fromage de brebis sur une part de gratin, directement dans l'assiette.

ASTUCE

Pour rehausser le goût de la courge, ajoutez à votre préparation quelques petits morceaux de gingembre, du curry ou de la cardamome avant de passer au four.

41

BŒUF MARINÉ AU WHISKY

TEMPS DE PRÉPARATION

25 minutes - dont 15 minutes de cuisson

TEMPS DE REPOS

6 à 12 heures

INGRÉDIENTS

- 2 steaks de bœuf (d'environ 120 g chacun)
- 60 ml de whisky
- 60 ml de sauce soja salée
- 1 cs de sauce Worcestershire
- 3 cs de moutarde
- 2 gousses d'ail hachées
- 1 échalote hachée
- 1 oignon haché
- 1 cs d'huile

PRÉPARATION

1. Détaillez les steaks en morceaux.

2. Placez les morceaux de viande dans un récipient, puis ajoutez l'ensemble des autres ingrédients et mélangez le tout.

3. Laissez mariner au frais pendant 6 à 12 heures.

4. Une fois la viande marinée, chauffez l'huile dans une poêle et faites-y revenir la viande pour la colorer. Versez ensuite un peu de marinade et laissez mijoter 15 minutes.

5. Déposez la viande dans votre assiette et coulez le fromage par-dessus.

ASTUCE

Pour un résultat encore plus corsé, versez une lichette de whisky sur la tranche de votre demi-meule fondue et flambez le tout avant de racler le fromage dans l'assiette. Autre option : flambez la viande au dernier moment, en ajoutant 100 ml de whisky dans votre poêle en fin de cuisson. Chaud devant !

TEMPS DE PRÉPARATION

Env. 2h30 –
dont 2h15 de cuisson

TEMPS DE REPOS

2 heures

INGRÉDIENTS

- 400 g de filet mignon
- 25 g de beurre
- 150 ml d'abricotine
- 1 oignon
- 1 gousse d'ail
- 1 morceau de gingembre (env. 15 g)
- 1 cs de miel
- Le jus d'un citron
- 1 cs de sauce soja salée
- 1 cs d'huile d'olive
- Sel, poivre

42

UN MIGNON AU TEINT D'ABRICOT

PRÉPARATION

1. Épluchez l'oignon et l'ail, et hachez-les finement. Pelez et râpez le gingembre.
2. Déposez dans un plat tous vos ingrédients à l'exception du filet mignon, de l'abricotine et du beurre. Mélangez.
3. Trempez le filet mignon dans votre marinade afin de bien imbiber la viande. Recouvrez le récipient d'un film alimentaire et mettez 2 heures au frais.
4. Dans une poêle à frire, chauffez le beurre puis dorez le filet mignon de tous les côtés (12 à 15 minutes en tout).
5. Préchauffez le four à 80° C.
6. Déposez le filet mignon dans un plat adapté au four et recouvrez-le de marinade. Laissez cuire pendant 2 heures en arrosant régulièrement de marinade.
7. Une fois cuite, sortez la viande du four et coupez-la en fines tranches, que vous déposerez dans vos assiettes.
8. Faites fondre votre demi-meule, puis versez-y un filet d'abricotine que vous pourrez flamber avant de racler le fromage sur une tranche de filet mignon. Si vous utilisez un appareil à raclonette, coulez votre raclette sur votre filet mignon, puis versez un peu d'abricotine que vous flamberez directement dans l'assiette.

ASTUCE

Vous pouvez sans problème troquer votre abricotine contre une autre eau-de-vie de votre choix ou encore un whisky, qui apportera une délicieuse touche caramélisée à votre préparation.

PIERRE CREPAUD, LE « GREEN CHEF » ÉTOILÉ

Le hasard fait souvent bien les choses... Notre collaboration a débuté le 19 février 2020, suite à un message reçu sur Instagram de la part de Delphine Gillioz, la compagne de Pierre Crepaud : «Mon chéri Pierre serait super motivé à vous rencontrer et peut-être faire un projet avec vous!» Quelques jours plus tard, nous dégustions tous ensemble les premières créations de ce livre. Avant même la fin du repas, nous invitions Pierre à proposer dix succulentes recettes pour la publication de ce second ouvrage, placé sous le signe de notre passion commune pour les produits du terroir.

Surnommé le «Green Chef» en référence à son goût pour la nature et à sa fameuse veste verte, Pierre Crepaud est nommé « découverte romande de l'année 2010 » par le Gault & Millau, qui lui attribuera 17 points sur 20. Cinq ans plus tard, il décroche une étoile au Guide Michelin. Le chef se plaît à jongler avec ses deux casquettes de cuisinier et d'amoureux des montagnes : «Je fais toujours le parallèle entre la montagne et ma cuisine. Lorsque vous êtes dans une expédition, vous devez gérer les risques et leurs conséquences. Les risques en montagne sont nombreux, et pour les pépins, lorsque ça arrive, il faut évaluer leur degré et agir en conséquence. J'applique cette approche dans mon travail de chef cuisinier également.» Il trouve donc tout naturellement l'inspiration de ses recettes en gravissant les sommets, et cela se ressent à chaque dégustation : ses assiettes vous apportent à la fois l'air frais des montagnes et de beaux bouquets d'arômes, aux accents subtils de fleurs d'alpages. Dans le sport quotidien, Pierre Crepaud trouve la force et l'équilibre nécessaires à la poursuite de ses projets culinaires. Ces moments privilégiés dans la nature lui permettent d'avancer dans ses réflexions et dans ses choix, et de tracer ainsi sa trajectoire de vie, animé par l'envie de viser toujours plus haut, d'atteindre et de franchir sans cesse de nouvelles limites.

Il découvre la cuisine à l'âge de 14 ans grâce à sa maman, qui est sa première source d'inspiration, avec ses bons petits plats mijotés : «Bien manger est une affaire de famille », affirme-t-il. Il ne perd pas une seconde et commence très vite son apprentissage de cuisinier. Ce qui lui donne envie de faire de la cuisine ? Le fait de pouvoir rassembler autour d'une table des couleurs et des odeurs, puis de donner du plaisir. Simplement, humblement.

« L'ortie qui me piquait quand j'étais gamin, je la mets dans mes assiettes aujourd'hui. »

COMME UN CHEF !

RECETTES DE
PIERRE CREPAUD

VERSION DELUXE

TEMPS DE PRÉPARATION

Env. 1 heure - dont 45 minutes à 1 heure de cuisson

INGRÉDIENTS

- 400 g de pommes de terre à chair ferme
- 4 cs d'huile de truffe blanche
- 1 belle truffe noire
- 2 tours de moulin à poivre

PRÉPARATION

1. Préchauffez le four à 180° C.

2. Lavez vos pommes de terre (sans les peler). Badigeonnez-les d'huile de truffe puis emballez chaque pomme de terre individuellement dans du papier d'aluminium. Afin que la cuisson soit homogène, veillez à choisir des pommes de terre de taille similaire.

3. Placez-les sur une grille et enfournez pour 45 minutes à 1 heure. Pour contrôler la cuisson, piquez à cœur une pomme de terre à l'aide d'un couteau (elles doivent être tendres). Cette méthode de cuisson au four apportera à vos pommes de terre une délicieuse saveur grillée !

4. Une fois sortie du four, assaisonnez la pomme de terre avec quelques gouttes supplémentaires d'huile de truffe. Coulez votre fromage fondu dans l'assiette, poivrez, puis râpez de fines lamelles de truffe fraîche sur le dessus. Le petit plus !

44

RACLETTE EN HERBE

TEMPS DE PRÉPARATION

15 minutes

INGRÉDIENTS

- 100 g de persil plat
- Quelques tiges d'origan frais
- ½ botte de ciboulette
- 4 gousses d'ail
- 1 petit piment rouge
- 2 cs de vinaigre de vin rouge
- 1 cc de jus de citron frais
- 120 ml d'huile d'olive
- Sel, poivre

PRÉPARATION

1. Lavez les herbes fraîches (persil plat, ciboulette et origan). Ciselez finement la ciboulette et l'équivalent de deux cuillères à soupe d'origan. Concassez les feuilles de persil.

2. Hachez les gousses d'ail et le piment.

3. Mettez ensuite tous ces ingrédients dans un bol. Ajoutez le vinaigre, le jus de citron et l'huile d'olive. Salez, poivrez et mélangez bien.

4. Assaisonnez votre fromage fondu et vos pommes de terre de sauce chimichurri. De quoi réveiller vos papilles !

ASTUCE

La sauce chimichurri peut être préparée à l'avance, mais elle doit être gardée au frais. Il est préférable de la consommer dans les 24 à 48 heures.

45

ÇA CAILLE ! C'EST LA SAISON DE LA RACLETTE

TEMPS DE PRÉPARATION

Env. 15 minutes - dont 1 à 2 minutes de cuisson

INGRÉDIENTS

- 4 œufs de caille
- 4 tranches de lard de Colonnata
- 1 cc de cumin sauvage
- 1 oignon
- 2 cs de farine
- Huile (d'arachide ou de tournesol)

PRÉPARATION

1. Épluchez votre oignon et coupez-le en très fines rondelles, en vous servant d'une mandoline ou d'une machine à trancher.

2. Passez les rondelles dans un peu de farine, tapotez pour enlever l'excédent, puis faites-les frire 1 à 2 minutes dans une casserole d'huile très chaude, jusqu'à coloration. Déposez-les ensuite sur du papier absorbant pour ôter le surplus d'huile.

3. Disposez une tranche de fromage dans un poêlon, cassez l'œuf de caille cru par-dessus et faites fondre le tout. Une fois dans l'assiette, terminez en ajoutant une fine tranche de lard de Colonnata, les *crispy* d'oignon et quelques graines de cumin. Voilà de quoi *pimper* sa raclette !

ASTUCE

Dans cette recette, le lard de Colonnata (que vous trouverez dans toutes les bonnes épiceries italiennes) est ajouté cru à la préparation : pour une dégustation optimale, demandez à votre épicier de trancher votre lard en très fines tranches (presque translucides).

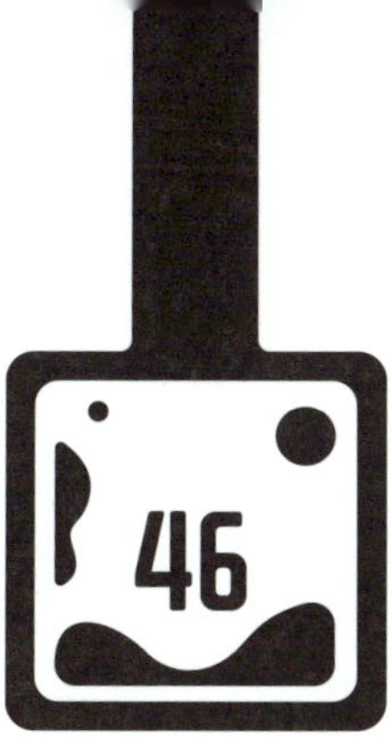

ON JAPONISE SA RACLETTE

TEMPS DE PRÉPARATION

2 minutes

INGRÉDIENTS

- 100 g de pickles de gingembre
- 1 cs de sésame noir
- 1 tube de wasabi
- 200 g de pousses de haricots mungo
- 50 g d'algues nori

PRÉPARATION

1. Dressez la table en disposant les ingrédients sur un plat ou dans de petits contenants, où chacun pourra venir piocher au gré de ses envies.

2. Faites fondre votre fromage. Une fois dans l'assiette, ajoutez à votre guise du piquant et de la couleur, pour une raclette de retour du Soleil levant. Dépaysement assuré !

47

¡Y VIVA ESPAÑA!

TEMPS DE PRÉPARATION

25 minutes - dont 10 minutes de cuisson

INGRÉDIENTS

- 4 tranches de pain toast
- 1 gousse d'ail
- 80 ml d'huile d'olive
- 20 tranches fines de chorizo
- 1 piment rouge frais
- 1 poivron rouge
- 1 poivron vert

PRÉPARATION

1. Épluchez puis hachez finement la gousse d'ail.

2. Coupez le pain toast en petits cubes et colorez-les à la poêle dans l'huile d'olive, pendant environ 5 minutes, en ajoutant l'ail haché. Réservez dans du papier absorbant.

3. Nettoyez les poivrons et coupez-les en fines lanières. Faites-les revenir dans l'huile d'olive pendant 5 minutes en remuant régulièrement.

4. Coupez le piment en fines lamelles.

5. Servez votre raclette en l'agrémentant de chorizo, de quelques poivrons grillés, de piment et de petits croûtons dorés pour le croquant.

ASTUCE

Envie de tester de nouveaux fromages ? Optez pour un fromage de brebis, qui s'accordera parfaitement aux saveurs épicées de cette recette.

1/3 Cup/80ml

48

ON CUSTOMISE SON FROMAGE

TEMPS DE PRÉPARATION

20 minutes - dont 15 minutes de cuisson

INGRÉDIENTS

- 50 g de pignons de pin
- 50 g de noix de cajou
- 50 g de pistaches
- 1 cc de graines de pavot
- 100 g de parmesan
- 100 g de farine
- 80 g de beurre
- Une pincée d'herbes sauvages séchées

PRÉPARATION

1. Pour réaliser votre crumble, mélangez dans un saladier le beurre, la farine et le parmesan. Le mélange doit être sableux. Préchauffez le four à 180° C. Répartissez le mélange sur une plaque et enfournez pour 10 minutes.

2. Mélangez les pignons de pin, les noix de cajou, les pistaches et les graines de pavot. Disposez-les sur une plaque et enfournez pour 5 minutes à 170° C. Une fois torréfiés, concassez-les légèrement.

3. Parsemez votre fromage fondu de quelques noix et graines torréfiées, ajoutez un peu de crumble pour la texture, puis saupoudrez d'une pincée d'herbes sauvages avant de déguster.

ASTUCE

Le repas est terminé, et il vous reste du crumble et des graines torréfiées ? Versez le tout dans un bocal à couvercle : le mélange se conservera cinq à six semaines, jusqu'à la prochaine raclette ! Vous pouvez également vous en servir pour agrémenter vos salades ou vos soupes.

TEMPS DE PRÉPARATION

Env. 1h50 – dont 1h20 à 1h25 de cuisson (de préférence la veille)

INGRÉDIENTS

- 6 panais
- 1 belle courgette
- 1 brocoli
- 1 chou-fleur
- 1 petit potiron
- 8 beaux champignons de Paris
- 4 gousses d'ail
- 150 ml d'huile d'olive
- 2 cs de thym séché
- 2 cs de romarin séché
- 2 cs de sucre

49

RACLETTE DU POTAGER

PRÉPARATION

1. Pour cette recette, l'idéal est de préparer et faire cuire les légumes la veille. Pour ce faire, commencez par préchauffer votre four à 180° C.

2. Épluchez et coupez les panais en deux dans le sens de la longueur. Pelez et coupez le potiron en quartiers.

3. Sur une plaque, déposez les légumes avec les gousses d'ail entières. Assaisonnez avec les herbes sèches, le sucre, du sel et du poivre. Arrosez d'huile d'olive et mélangez soigneusement avec les mains.

4. Enfournez ensuite dans la partie supérieure du four et laissez cuire 45 minutes. Après cette première phase de cuisson, remuez bien les légumes pour un résultat homogène.

5. Augmentez alors la température du four à 210° C et poursuivez la cuisson 10 à 15 minutes, jusqu'à obtenir une belle coloration. Vérifiez la cuisson des légumes en les piquant avec la pointe d'un couteau. Ils doivent être tendres. Laissez refroidir à température ambiante, puis filmez le plat.

6. Passez les courgettes taillées en gros cubes à la poêle avec une cuillère à soupe d'huile d'olive. Faites revenir 5 minutes. Répétez la même opération pour les champignons de Paris.

7. Taillez le brocoli et le chou-fleur en sommités et faites-les cuire dans de l'eau bouillante salée pendant 5 minutes maximum. Stoppez la cuisson dans une bassine d'eau glacée pour préserver la couleur verte des brocolis.

8. Une fois cuits, conservez tous vos légumes au réfrigérateur jusqu'au lendemain. Le jour même, réchauffez-les au four à 180° C pendant 10 minutes.

9. Disposez les légumes dans votre assiette et recouvrez-les de fromage fondu. Poivrez et parsemez selon vos envies de fines herbes hachées.

HEIDI
CHEESE LINE

ON DIRAIT LE SUD

TEMPS DE PRÉPARATION

15 minutes -
dont 8 minutes
de cuisson

INGRÉDIENTS

- 120 g de tomates séchées
- 80 g de câpres à queue
- 200 g de fines tranches de coppa
- 1 bouquet de thym frais
- 100 g d'olives noires dénoyautées
- 160 g de confit d'oignons
- 2 cs d'huile d'olive

PRÉPARATION

1. Chauffez l'huile dans une poêle et faites-y dorer la coppa pendant environ 8 minutes, en remuant de temps en temps et en ajoutant un peu de thym frais. Sortez les tranches de coppa et laissez-les égoutter sur du papier absorbant.
2. Faites fondre le fromage et coulez-le dans votre assiette. Parsemez de tomates séchées hachées grossièrement, de câpres, d'oignons, d'olives et de coppa grillottée au thym.

ASTUCES

Envie de déguster de nouveaux fromages ? Cette recette se marie à merveille avec une raclette au fromage de chèvre.

En été, accompagnez de melon pour le côté *fresh*. À nous la *dolce vita* !

51

Ô TERROIR *MADE IN* WALLIS !

TEMPS DE PRÉPARATION

Env. 8 minutes - dont 2 à 3 minutes de cuisson

INGRÉDIENTS

- 4 abricots secs moelleux ou 4 demi-abricots frais du Valais (suivant la saison)
- 1 belle branche de romarin
- 4 tranches de lard fumé
- 1 petite pincée de poivre noir concassé

PRÉPARATION

1. Si vous utilisez des abricots frais, lavez-les puis coupez-les en deux en retirant le noyau. Divisez la branche de romarin en quatre brins de même longueur.

2. Préchauffez le four à 240° C. Enroulez une tranche de lard fumé autour de chaque abricot et maintenez en piquant une branche de romarin frais au travers. Déposez vos abricots sur une plaque recouverte de papier sulfurisé, enfournez et laissez cuire 2 minutes, en les retournant à mi-cuisson.

3. Si vous préférez, vous pouvez également opter pour une cuisson à la poêle : faites simplement revenir vos abricots pendant 3 minutes, sans ajouter de matière grasse et en les retournant de temps en temps, jusqu'à ce qu'ils soient bien colorés.

4. Faites fondre le fromage et coulez-le dans votre assiette. Ajoutez l'abricot au lard et parsemez de quelques grains de poivre.

52

PRINTANIÈRE À L'ORÉE DU BOIS

TEMPS DE PRÉPARATION

15 minutes

INGRÉDIENTS

- 100 g de feuilles d'ail des ours
- 50 g de parmesan frais entier (meilleur que déjà râpé)
- 200 ml d'huile d'olive
- 50 g de pignons de pin
- 50 g d'amandes émondées moulues

PRÉPARATION

1. Lavez les feuilles d'ail des ours et séchez-les avec du papier ménage. Retirez les queues des feuilles.
2. Mettez les feuilles dans un mixeur. Ajoutez les pignons, les amandes moulues, le parmesan et l'huile. Mixez le tout.
3. Faites fondre votre fromage et coulez-le dans l'assiette. Ajoutez une petite cuillère de pesto vert, et le tour est joué !

ASTUCE

Ce pesto peut être préparé à l'avance, mais il doit être gardé au frais. Dans un récipient hermétique, il se conservera 15 jours au frigo.

CE QUE LA RACLETTE ÉVOQUE POUR VOUS

« Mon plus beau souvenir d'avoir dégusté une raclette était pendant les vacances d'été, en maillot de bain, sur un bateau au bord du lac de Constance. »

PETER STRÄHL, DIRECTEUR GÉNÉRAL DE STRÄHL KÄSE AG

« La raclette, c'est d'abord une tradition emblématique du Valais. C'est aussi pour nous un défi technologique, quand on s'est penché sur le défi de créer un robot racleur. »

DR SYLVAIN CALINON, RESPONSABLE DU GROUPE DE ROBOTIQUE À L'IDIAP,
L'INSTITUT DE RECHERCHE OÙ ROBOCLETTE A VU LE JOUR

« Je suis un fan absolu de la raclette d'alpage au feu de bois. Pour moi, c'est le bois de mélèze et le fromage d'alpage qui sont, avec une pomme de terre du jardin et des chanterelles au vinaigre, le top du top. »

SÉBASTIEN OLESEN, DIRECTEUR DU PALP FESTIVAL

« La raclette est un symbole de *slow food*, une ambassadrice de goût pour la Suisse. C'est un plaisir partagé en famille, à la maison ou en vadrouille. Je me souviens de mon grand-père, montagnard, qui m'emmène gamin en Valais et la fait fondre au feu de bois de mélèze. Un goût inoubliable, une madeleine de Proust. »

NICOLAS BIDEAU, DIRECTEUR DE PRÉSENCE SUISSE,
ORGANE FÉDÉRAL CHARGÉ DE LA PROMOTION DE LA SUISSE À L'ÉTRANGER

« Aujourd'hui, ce fromage est pour moi un bel exemple qui illustre l'originalité de l'agriculture de montagne qui s'est adaptée au contexte socioculturel. »

MÉLANIE HUGON-DUC, CURATRICE AU MUSÉE DE BAGNES, NOTAMMENT POUR L'EXPOSITION ET LA PUBLICATION « LE RACLETTE »

« Elle est simple, accueillante, individuelle et variée. Chacun peut préparer la raclette qu'il aime. Il n'y a presque pas de limites à l'imagination. Nous préparons une raclette ensemble et prenons notre temps pour la déguster. »

LUCIA STIRNIMANN, NAPF-CHÄSI AG

« La variété des saveurs vous donne l'occasion de découvrir de nouvelles choses et d'apporter de la variété à un repas raclette confortable. Essayez la raclette au poivre, à l'ail ou au fromage fumé ! Il existe d'innombrables variantes qui créent la surprise. »

FELIX SCHIBLI, DIRECTEUR GÉNÉRAL DE SEILER KÄSEREI AG

« Je me souviens d'un après-concert de la fanfare du village en compagnie d'une fanfare du Valais qui nous a servi une vraie raclette valaisanne... C'était une super soirée ! »

CAROLINE QUARTENOUD, AGRICULTRICE, INITIANTE DU PROJET « LAIT FAIR »

REMERCIEMENTS

Nous souhaitons remercier ici très chaleureusement les nombreuses personnes qui, de près ou de loin, ont apporté leurs religieuses à l'édifice.

UN GRAND MERCI, DONC :

- À la *dream team* de la maison d'édition Helvetiq !
- À Pierre Crepaud et sa douce moitié Delphine Gillioz qui ont cru à cette aventure et qui ont contribué au festival de saveurs tout au long de ces pages.
- Aux membres de notre association Les Compagnons du Caquelon, pour leur soutien et leurs goûts avisés en matières grasses.
- À Daniela Gillioz, conseillère communale à Riddes et membre de la Commission Culture, ainsi qu'à tous les membres du Conseil communal pour avoir soutenu le projet.
- À l'Interprofession Raclette du Valais AOP (IPR) et son directeur Urs Guntern ainsi qu'à son vice-président Eddy Baillifard, pour leur soutien inconditionnel et leur expertise en matière de raclette.
- À Dorian Rollin, photographe, et à Camille Stoos, designer culinaire, pour cette semaine de shooting pleine d'humour et de calembours.
- À nos familles et nos amis, naturellement, qui étaient aux premières loges de cette aventure durant plus d'une année et demie.
- À Gabriel Lucas, notre attaché de presse en France !
- À nos fidèles testeurs qui se sont donnés corps et âme lors des nombreuses dégustations : Émilie et Vincent Lehmann, Sophie Van de Pluüt, Sandrine Muscioni, Kate Dubois, Delphine Guelfi-Delseth, Gaëlle et Fabien Abbet, Arnaud Bonvin et sa fine équipe, Christèle et Ricardo Surchat, Mégane Volken, Isabelle Visinand, Doriane et Christophe Burket, Maud Robadey, Priscilla Fahrni, Sonia Ducrey, Yann Fellay & Famille, Simon et Sasha Hernandez, Fabien Piment, Jonathan Fernandez, Soumya Sergent, Jean-Philippe Lana, Yves Fellay, Simon Claret et Sara Gonçalves, Olivier Gaillard et Richard Barendregt, Linda et Christophe Hützli.
- À vous, épicuriens, qui tenez ce noble ouvrage entre vos mains !

Avec le soutien de

Kitraclette et Easyraclette pour le prêt de matériel.

Haute Raclette
L'art du fromage à raclette en 52 recettes fondantes

ISBN : 978-2-940673-30-8

Textes : Jennifer et Arnaud Favre,
avec la collaboration de Pierre Crepaud

www.hautefondue.ch
www.compagnonsducaquelon.ch

Graphisme et illustrations : Felix Kindelán
Photos : Dorian Rollin
Design culinaire : Camille Stoos
Suivi éditorial : Céline Gapany
Relecture : Claire Couturier

Imprimé en Tchéquie

HELVETIQ bénéficie d'un soutien structurel de l'Office fédéral
de la culture pour les années 2021-2025.

www.helvetiq.com